국제지역 기술혁신능력과 글로벌 생산네트워크

이상빈, 성을현, 이벽규

비즈프레스

머리말

최근 국제지역의 기술혁신능력에 대한 연구는 글로벌 경제와의 외부적 연계성에 관한 분석을 중심으로 기술혁신이 어떻게 발전해 가는지 초점을 맞추고 있다. 즉 다국적 기업이 진출한 주요 지역에서 글로벌 생산네트워크와 지역산업과의 상호작용 관계가 어떻게 반응하는지를 설명하고 있다. 소위 맨체스터학파의 코(Coe)와 융(Yeung)의 연구에서 이러한 시각이 잘 다루어져 있다. 특히 이들이 핵심으로 다루고 있는 내용은 다국적 기업의 글로벌 경영활동에 의해 형성된 글로벌 생산네트워크의 성격을 월러스타인식 정치경제학적 시각으로 접근하고 있다.

글로벌화와 이와 관련된 기술혁신을 핵심 요소로 보는 이러한 연구동향은 해외직접투자나 국제생산을 통한 글로벌 생산네트워크(Global Production Network, GPN)의 지역적 분화과정과 그 상호작용, 그리고 지역혁신시스템 형식으로의 점진적 진화를 설명한다. 예를 들어, 아시아지역의 개발도상국가와 중국 등은 몇 개 지역에서 집중적으로 발전된 핵심 산업클러스터가 해외직접투자와 국제생산의 지역적 분화를 계기로 출현하였던 것이다. 그리고 이들 지역에서의 기술혁신이 기업가나 발명가 등의 개별적인 행위주체가 아니라 '혁신군집'이나 '기술체계' 등 보다 광범위한 제도적 틀 내에서 이루어지고 있다고 한다.

이 책은 바로 세계화와 세계경제의 변화, 그리고 새로운 세계화 환경의 변화에 대응하고 있는 특정 국가 또는 특정 지역의 실체를 좀 더 구체적으로 파악하기 위해 중국과 대만, 그리고 한국의 사례들 소개하고 있다. 특히 국제 지역 사례로서 중국 북경시에 위치하고 있는 중관촌 사이언스 파크를 비롯하여 소주시의 소남공업원구, 대만의 신죽공업원구, 그리고 한국 대덕연구개발특구 사례들을 살펴보면서 이들이 글로벌 생산네트워크를 어떻게 만들어 가고 있으며, 기술혁신능력을 강화하기 위해 어떠한 방식으로 혁신주체들이 상호작용하고 있는지를 소개하고 있다.

특히 제1장은 중국 중관촌 사이언스 파크 발전과 경쟁우위는 한국지역경제학회 「한국지역경제연구」 창간호 2003년 논문을 중심으로 본 서의 취지에 맞게 보완하고 재정리하였다. 제2장은 중국 동관 지역의 IT · 전자 산업클러스터의 사례를 서술하였다. 제3장은 중국 소주공업원구(蘇州工業園區) 발전의 경로의존 유형은 한국동북아학회 「한국동북아논총」, 26(1), 2014년 논문을 기초로 작성되었다. 제4장은 대만 신죽과학공업단지의 발전 과정상의 특성과 기술혁신능력 위주로 구성되었다. 제5장 제도적 협력을 위한 지역 네트워크 플랫폼 구축은 한국지역경제학회 「한국지역경제연구」, 6(2), 2008년 논문에서 수정 및 보완하여 본 내용의 결론부분으로 서술되었다.

2017. 10

저자 일동

차 례

제1장 중국 중관촌 사이언스 파크 발전과 경쟁우위

제2장 글로벌 생산체계에서 중국 동관지역의 역할과 IT·전자산업 산업클러스터의 발전

제3장 중국 소주공업원구 발전의 경로의존 유형

제4장 대만 신죽과학공업단지의 발전 역사

제5장 제도적 협력을 위한 지역네트워크 플랫폼 구축

제1장 중국 중관촌 사이언스 파크 발전과 경쟁우위*

제1절 중국 중관촌 사이언스 파크

중국은 지난 30여 년 동안 수출을 중심으로 한 노동집약적인 제조업산업의 성장이 경제성장의 동력이었다. 그러나 중국의 제조업산업은 저부가가치 산업이라는 한계와 기술경쟁력의 문제, 그리고 국내적으로 경제성장에 따른 임금상승의 문제에 직면해왔다. 중국 산업의 빠른 성장 이면에는 산업구조의 업그레이드와 과학기술의 발전, 그리고 국내산업 경쟁력(competitive advantages)의 개선을 통해 지속적인 경제성장을 유지하는 것이 향후 경제성장에 중요한 과제일 수밖에 없다. 사실 중국 정부는 1980년대 초부터 과학기술의 발전이 경제 생산성 향상과 산업경쟁력을 강화시키는 중요한 수단으로 인식해 왔다. 그리고 1990년대에는 첨단과학기술산업단지의 육성을 통해 연구개발능력과 산업기술의 발전을 촉진시키고자 하였다.

중국은 1990년대 초반에 이미 미국의 실리콘 밸리와 유사한 모습을 갖춘 북경시 중관촌(中關村)지역을 선정하여 중관촌 첨단과학기술산업단지 즉 '중관촌 사이언스 파크'를 발전시키고 과학기술육성을 전국적으로 확산시키는 계획을 추진하였다. 즉 중국정부는 1991년에 '횃불계획(火炬計劃)'의 실행원칙과 발전요강을 제정하였으며, 이미 1988년에 중관촌을 '첨단기술산업 시범단지'로 지정한 바 있다. 중국 정부는 중관촌 지역을 첨단과학기술단지의 체계와 인큐베이터(incubator)시설을 갖춘 국가급 첨단과학기술산업단지(science park)로 육성하기 위한 계획을 수립하였던 것이다 (Sutherland 2005).

당시 중국정부는 중관촌 사이언스 파크가 중국의 첨단과학기술 산업집적지로 성장하여 국제적인 첨단기술의 흡수와 이전뿐만 아니라, 신흥 지식기반 산업의 육성, 그리고 중국 내의 다른 과학기술산업단지의 시범지구로서 기능하도록 초점을 두었다. 최근 중관촌은 국가 자주혁신 시범단지로서 국가급 첨단과학기술 산업클러스터의 역할뿐만 아니라 벤처기업의 창업과 다국적기업 연구개발센터의 핵심 입지지역으로서 지역 인프라 체계를 구축하였다. 사실 중관촌 첨단과학기술산업단지는 1980년대에 대학가를 기반으로 하여 전자상거리로 출발하였으나, 현재는 레노보(Lenovo)와 바이두(Baidu)와 같은 첨단과학기술기업이 약 2만 여개가 입지해 있으며 북경시 지역경제 성장에도 크게 기여해 왔다.

Porter(1998)에 의하면, 한 국가 내에 경제의 생산성 제고와 경쟁력의 강화를 위해서는 지역 내에 클러스터 역할이 중요하다 지적한 바 있다. 특히 글로벌 경제라는 세계화 추세 속에서 산업의 환경 및 지역의 입지와 근접성(proximity)에 근거한 산업 클러스터(Cluster)는 지역의 혁신과 경제발전에 도움이 된다는 것이다. 즉 경쟁력 강화에 있어서 지역 클러스터(Regional Cluster)의 역할이라 함은 어느 한 지역 내에 경제주체 행위자(즉 기업)들의 상호 밀접한 연계망(Network)을 통해서 이루어진다. 또한 기업의 공식적, 비공식적 네트워크를 통해서 생산비용을 절감하고, 그 지역 내에 코드화된(codified) 정보의 상호 교류, 상호 학습과 혁신 작용을 발생시킴으로서 궁극적으로는 지역산업 경쟁우위와 국가 경쟁우위에 이바지하게 된다.

미국의 실리콘밸리와 루트123지역을 비교분석한 Saxenian(1997) 역시 한 지역 내에 특히 첨단과학기술단지의 형성과 전문화된 기업간의 네트워크체제 구축 및 전문생산자 중심의 지역 클러스터 발전이 기업과 지역의 혁신능력 강화에 긍정적으로 기여하게 될 것으로 보았다.[1] 클러스터 역할을 통해서 궁극적으로는 지역기업의 경쟁력 강화에 이바지 할 수 있고, 지역경제성장에도 긍정적으로 작용할 수 있다는 점에서 중관촌 첨단과학기술산업단지는 북경시에서 지역산업 클러스터로서의 중추적인 기능을 갖추고 있다.

기업의 지리적 집중현상과 관련된 최근의 연구들도 글로벌 경제에서 기업과 산업의 역동성은 상이한 지역적 시공간에 따라 진화 과정적 특징을 가지고 있으며, 이러한 과정에서 지역기업과 산업의 경쟁력은 과거로부터 구축되어진 구조에 상당한 영향을 받게 된다고 지적하고 있다(Boschma and Martin(eds),. 2010). 중관촌 역시 이러한 기업과 산업의 지리적 진화과정을 반영하고 있고, 또 산업과 지역구조의 특성에 기반으로 하여 클러스터 생애주기의 유형의 발전경로를 보이고 있다. 따라서 본 연구는 먼저 중국의 중관촌 첨단과학기술산업단지의 발전과정을 중심으로 중관촌의 지역 입지조건과 지역산업 클러스터체계의 특징을 파악하고자 한다. 이를 위해 본 내용에서는 경로의존이론을 중심으로 중관촌 첨단과학기술산업 클러스터에 대한 클러스터 생애 주기상의 특성에 대해 살펴보고자한다. 다음으로 중관촌지역 내에 경제주체 행위자 즉 기업들의 주요 네트워크(network)의 속성과 경쟁력, 그리고 마지

* 원문 「한국지역경제연구」, 2003, 1(2)에서 재정리.

1) AnnaLee Saxenian, "Taiwan's Hsinchu Region: Imitator and Partner for Silicon Valley", SIEPER Dicussion Paper No. 00-44 (SIEPR and University of California, Berkely), pp. 2-5.

막으로 중관촌 지역의 주요 산업발전형태(industrial performance)를 설명하고자 한다.

제2절 혁신클러스터와 연구 분석모형

1. 지역입지 조건과 클러스터개념

주지하다시피, 1980년대 후반부터 자유무역 및 자본유동, 기술혁명과 산업분업을 특징으로 하는 세계화(globalization) 조류가 명확하게 나타나고 있으며, 범세계적으로 상호의존과 공동발전의 추세가 나타나고 있다. 이는 실질적으로 WTO 자유무역체제의 형성인 동시에 신경제(New Economy)와의 재결합을 의미한다. 세계화는 바로 국가 간의 투자, 국제산업분업, 국제 전략적 제휴와 국가 간 자유로운 노동유동성 등으로 표상되며 지역경제발전에도 큰 영향을 미치고 있다.[2)]

더욱이 운수와 통신과학기술의 발전으로 시공간의 원시개념이 바뀌고, 국가를 포함하여 지역 및 지방 등의 각종 사회, 경제 발전과정의 변화를 가져왔다. 특히 이 시공간 축소(time-space compression) 현상은 한편으로 경제활동이 지리 공간적인 국경개념을 없애고, 인력, 자금 지식기술 등 생산요소가 국가 간의 자유로운 이동을 가져왔다. 이와 동시에 한 지역에서 또 다른 지역으로의 집중과 재형성을 가져왔다. 이 현상은 지역발전연구 중에서 중요한 세계화의 공간성(spatialities of globalization) 개념으로 보아 이해할 수 있다.

---

2) 王信賢, "全球化時代中國大陸區域發展的理論與實踐:從企業郡聚的角度觀察," 陣德昇(主編), 中國大陸區域經濟發展: 變遷與 挑戰, (台北: 五南圖書出版公司, 2003), pp.72-73.

이제껏, 세계화-지역화 관계에 대한 논술에서 두 가지 대립적인 관점이 존재해왔다. 하나는 공간유동(Space of flow)의 개념으로 세계경제 사회체계를 네트워크 조직으로 간주한다. 즉 자본통신과 학기술의 발전은 네트워크관계를 긴밀하게 하고, 각 지역의 우위를 결정하는 것은 네트워크 주중의 위치이지 지역내의 사회경제조건이 아니라는 것이다. 또 하나의 관점은 지방의 정치경제사회제도의 입장에서 출발하여 지역의 사회제도가 진정한 세계화 경쟁우위의 관건이라고 강조한다. 그리고 세계화 네트워크는 필수적으로 지방공간의 실천을 통하여 비로소 연결될 수 있다는 것이다.

그러나 두 관점에서도 간과해서는 안 되는 것은 지역의 특수성이 실천의 형태를 결정할 수 있다는 공통성이 존재한다는 것이다. 세계화 경제활동 중에 나타나는 지역 혹은 지방성의 중요성은 감소되지 않고, 오히려 그 발전의 중요성을 강화한다는 것이다. 이 점에 있어서는 지역의 입지조건이 경쟁력과 관계가 있음을 부인할 수 없다. 그리고 결국에는 클러스터 접근에 의해서 기업입지의 조건을 더욱 강조하게 되었다는 점에서 이 연구들을 입지이론(location theory) 혹은 지역입지이론으로 설명될 수 있다.[3)]

최근 이러한 연구의 전통은 기업이 공간적으로 집적되어 있음으로 얻는 생산성 향상과, 그리고 경쟁력 향상이 여전히 지리적 입지에 따라 크게 영향을 받는다는 점을 밝히고 있다. 한 걸음 더 나아가서 기업의 자기 혁신능력과 발전은 그 기업이 위치한 인접환경에 의해 설정된다는 가정을 하고 있는 것이다. 즉 어떠한 지

---

3) Philip McCann & Stephen Sheperd, The rise, fall and rise again of industrial location theory," Regional Studies, Vol.37 6&7(August/October, 2003) pp. 649-663; Michael E. Porter, "The role of location in competition", Journal of the Economics of Business, Vol. 1, No. 1, (1994) 참조.

역입지 하에서 기업의 경쟁우위를 가져올 수 있는가 하는 미시 경제적 조건을 가려내는데 중점을 두고 있다고 할 수 있으며, 따라서 이러한 지역입지에 관한 연구는 지역 클러스터의 접근으로 모아지고 있는 것이다.

지리적 입지에 근거한 클러스터 접근은 무엇보다 마이클 포터(Michael Porter)의 클러스터 이론에서 잘 정의되고 있다. 포터는 클러스터를 '특정 부문에서 상호 연계성이 높은 기업과 기관의 지리적 집합체' 라고 설명하고 있다.[4] 즉 독립적이면서 비공식적으로 연계된 기업들과 지원기관의 집적형태는 효율, 효과, 유연성 면에서 우위를 제공하는 조직형식을 표현한다. 그리고 이 들 사이의 근접성은 더 나은 상호 신뢰와 협력을 가져다준다는 것이다. 여기에서 근접성과 비공식적인 연계는 또한 클러스터 내에서 형성되는 네트워크 구조를 상정하는데 이 네트워크 관계가 클러스터 내에서의 집단학습과 정보교류를 통해 가져오는 혁신체계(Innovation System)의 중요한 요소인 것이다.

네트워크를 주창하는 학자들은 기업이 네트워크를 형성하게 되는 이유가 단순히 거래비용(transaction costs)의 절감을 위해서 뿐만 아니라 급변하는 환경에 적응하고 지속적인 혁신을 창조하기 목적에서 비롯된다는 것이다. 그래버(G. Grabher)는 네트워크의 형성이 상호학습과 조건 창조를 위한 느슨한 연계에 기초하면서 무수한 정보자원을 접할 수 있는 경로를 부단히 열어준다고 하였다.[5] 특히 한 지역 내에 성장한 기업은 먼저 협력네트워크를 구축

---

4) Michael E. Porter, "Clusters and the new economic of competition", Harvard Business Review, (November-December 1998), p.78.

5) G. Grabher, The Embeded Firms: On the social-economics of industrial networks, (London: Routledge) 참조.

함으로서 동태적인 그리고 강력한 상호보완 작용을 구비하게 된다. 네트워크의 구축은 서로의 신뢰에 기초에서 지역기업의 경쟁과정에서 협력을 실현할 뿐만 아니라, 동시에 외국 기업(선진기술, 관리경험)과 연구개발부의 진입, 그리고 네트워크에서 파급효과를 도출할 수 있다.[6]

따라서 최근의 연구경향을 종합하면, 클러스터 연구의 초점은 클러스터의 ① 외부 환경, ② 네트워크, ③ 파급효과, ④ 경쟁에서 중요한 기능을 하는 지원기관을 분석하는데 있다는 것이다.[7] 그리고 지리적 입지에 의한 상호보완성과 기업 간의 네트워크관계에 의한 경쟁력 문제를 중심으로 파악하는데 있다. 따라서 한 지역에서 존재하고 있는 클러스터 연구는 바로 클러스터와 혁신능력의 관계, 그리고 혁신능력에서 경제성장으로 연결되는 과정을 가늠해 볼 수 있는 척도가 된다.

2. 혁신클러스터와 혁신체계

클러스터와 지역 혁신능력간의 밀접한 상호관계를 가진 클러스터를 혁신클러스터로 정의해 볼 수 있다. 즉 혁신클러스터는 클러스터 내에서 혁신능력으로 파악할 수 있다. 이 점에 있어서 산업집적지의 단계별 형성과정보다는 집적지의 클러스터 시스템과 혁신체계의 혁신능력에 설명의 초점을 두고 있다. 따라서 이를 기초로 본 내용의 연구 분석모형을 설정하고 있다. 혁신 클러스터는 다음의 그림에서 그 체계의 특징을 살펴볼 수 있다(〈그림 1-1〉참조).

---

6) 盖文啓, 《創新罔絡-區域經濟發展新思維》, (北京: 北京大學出版社, 2002), p.46.
7) 마이클 포터, 「경쟁론」, 김경묵·김연성 공역 (서울: 세종연구원, 2001), pp.319-321.

혁신 클러스터에서의 중요한 요소는 지역혁신체계와 산업클러스터, 그리고 클러스터에서 형성되는 네트워크이다. 산업네트워크란 바로 기업간 그리고 기업과 환경간의 네트워크를 가리키며, 노동력 제공, 공급상, 제조상과 시장소비 등을 포함한다. 왜냐하면 자원과 공급수요간에 호혜에 의해 긴밀한 네트워크 관계를 설립하기 때문에 이러한 상호의존관계와 기업의 지리적 집적간에는 상호보완관계가 형성되는 것이다.

<그림 1-1> 혁신 클러스터 체계

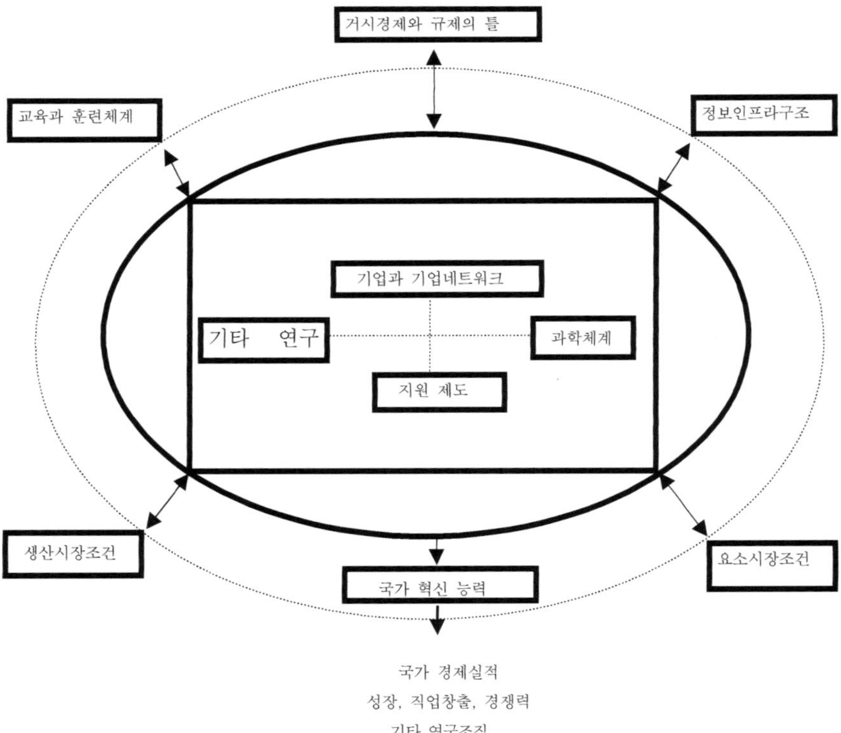

자료: OECD, (2002).

위의 그림에서 기업경영의 성과는 지역발전의 성패와 긴밀한 관계가 있다는 것을 보여 준다. 즉 기업의 시장기회와 지역발전의 기회는 양자의 사이의 긴밀한 결합이 가능하냐 혹은 가능하지 않느냐에 놓여있으며, 또 지속적인 혁신능력을 구비하느냐에 달려있다. 기업은 지역발전의 주체이며, 이것으로 형성된 산업네트워크가 세계화에 부응하는 핵심인 것이다. 다시 말하면, 클러스터 효과 하에서 기업, 산업과 지역발전은 긴밀하게 일체화되어 있다.

혁신 클러스터에서는 조직과 행위자의 가치, 그리고 행위자와의 관계가 상호 침투되어 있다. 즉 행위자가 경제활동을 할 때 자신의 이성적 계산과 선호가 있으나 이성과 선호는 동태적인 상호행위과정에서 결정되는 것이다. 행위자는 지속적으로 인간관계 네트워크를 통한 자문과 정보수집으로 영향을 받고 기호를 바꾸게 된다. 따라서 행위자의 행위는 자주적이면서 상호네트워크에 삽입되어 사회 텍스트의 제약을 받게 된다. 다시 말하면 기업의 운영은 이성 계산적인 경제교역과정에만 관련되어 있는 것이 아니고 사회제도 구조와 관계네트워크에 침투되어 나타나는 것이다.[8)]

즉 기업 클러스터로 형성된 전문 네트워크체계는 다음의 장점을 가지고 있다.[9)]

(1) 비용감소와 효율제고

① 기업 집적의 파급효과에 의해 외부 규모경제와 범위의 경제를 포함한 외부경제를 가져다주기 때문에 기업네트워크의 형성은 전체 생산비용을 절감해 준다.

---

8) Mark Granovetter, "Econmic Action and Social Structure: The Problem of Embeddedness." American Journal of Sociology Vol. 91 (1985), pp. 93-131.
9) 王信賢, "全球化時代中國大陸區域發展的理論與實踐:從企業郡聚的角度觀察," 앞의 책, pp.79-81.

② 서로 다른 기업은 사회간접자본과 전문기술 노동자원을 향유할 수 있다.

③ 산업분업과 탄력적 생산을 촉진시킨다.

④ 사회학적 관점에서 볼 때 상호 신뢰 형성과 산업네트워크로 교역활동을 단순화한다.

(2) 위험분산

① 상호 협력을 통한 위험을 공통 부담함으로써 위험분산효과를 가져온다.

② 생산체인체계 중 구성원간의 신뢰관계는 품질과 상품거래기간 등의 각 측면에서의 불확실성을 감소시켜 준다.

(3) 자원의 효과적 획득

① 상호의존과 신뢰관계 네트워크에 의해 관련 핵심 자원 획득할 수 있다.

② 이 자원은 무형의 관리경험과 기술지식 등도 포함한다.

③ 학습과 공유를 통해 관련 기업 간의 지식의 전파와 확산을 촉진한다.

④ 특히 암묵지(tacit knowledge)의 교류와 기술혁신을 가능하게 한다.

(4) 경쟁우위의 제고

① 특정 지역 내에 나타나는 협력효과는 생산, 혁신 그리고 신기업의 형성에 도움이 된다.

② 기업은 네트워크로 형성된 집단 역량을 통해 신상품의 협력개발, 상품의 개선, 고객에게 총체적 서비스를 제공하며, 기업의 체제 밖의 경쟁에 도움이 된다.

③ 네트워크 구성원간의 긴밀한 관계로 정보유동이 빨라서 새로운 시장기회가 출현하였을 경우 신속한 내부 협력 우위를 통하여 먼저 그 기회를 장악할 수 있다.

(5) 지역혁신체계의 형성

기업클러스터는 일반적으로 혁신과정, 조직학습, 기업성과와 경제발전에 긍정적 역할을 한다.

따라서 지역 간의 경쟁은 종종 기업 클러스터간의 경쟁이며, 지역에서의 상호학습, 특히 지식과 경험교류는 일종의 공생시스템을 형성하는데 이는 산업구조를 합리화할 뿐만 아니라 지역의 경쟁력을 강화할 수 있다.

3. 분석모형

중국 북경시 중관촌 첨단과학기술단지의 지역입지와 그 특징을 살펴보기 위하여 포터의 다이아몬드 구조를 이용하고자 한다. 이 다이아몬드 구조는 클러스터의 경쟁력 결정요인들이 무엇인지를 찾아보기 위한 것이다(〈그림 1-2 참조〉).

포터의 다이아몬드 구조는 기본적으로 요소조건, 수요조건, 산업구조와 경쟁관계, 연관산업 및 지원산업으로 구성되어 있다. 여기에 기타 요소 즉 시장기회 및 정부의 혁신정책요소를 더 첨가하였다. 특히 지역 정부의 혁신정책은 클러스터가 경쟁력을 갖추는데 역시 매우 중요한 역할을 한다고 본다. 정부의 혁신정책은 기본적으로 다음과 같은 내용을 지니고 있어야 한다.

첫째, 정부의 정책은 기업과 개인의 차원에서 지식축적으로 인해 이익을 얻거나 혁신을 가져오기 위해서는 경쟁적 시장(competitive markets)이 필요조건으로 존재할 수 있도록 해야 한다(단 경쟁적 시장이 충분조건은 아니다). 또한 기업은 생산만을 극대화하는 단순한 조직이 아니라 학습 조직으로서, 그 효율성은 국가나 전문 분야의 수많은 제도, 하부구조와 문화조건에 달려 있다. 또 이 제도 및 하부구조와 문화조건은 과학, 교육, 비즈니스, 갈등해결, 회계관행, 지배구조, 노동관계 등 이들 사이의 관계성으로 간주된다.

둘째, 시장실패(공공재의 제공, IPR, R&D 보조금 문제)를 교정하는 것 이외에, 정부는 기업, 시장과 비 시장 조직사이에 지식의 상호작용을 위한 제도적 틀을 개선하는 책임을 가진다. 그러나 서로 다른 경제행위자의 다양한 욕구를 반영하는 지원으로 한정되어야 한다.

셋째, 정부는 지역 수준에서의 규모의 경제, 네트워크 외부화, 기술 관련 클러스터에서의 범위의 경제를 갖추도록 노력한다. 이는 R&D에서 개인과 공공 투자의 회수율을 높여주는 중요한 자원이다. 그리고 이것은 세계 조류에 부응하는 동시에 경제우위를 가져다주는 국가와 지역능력의 핵심적 결정요인이다.

<그림 1-2> 클러스터 경쟁력의 결정요인들

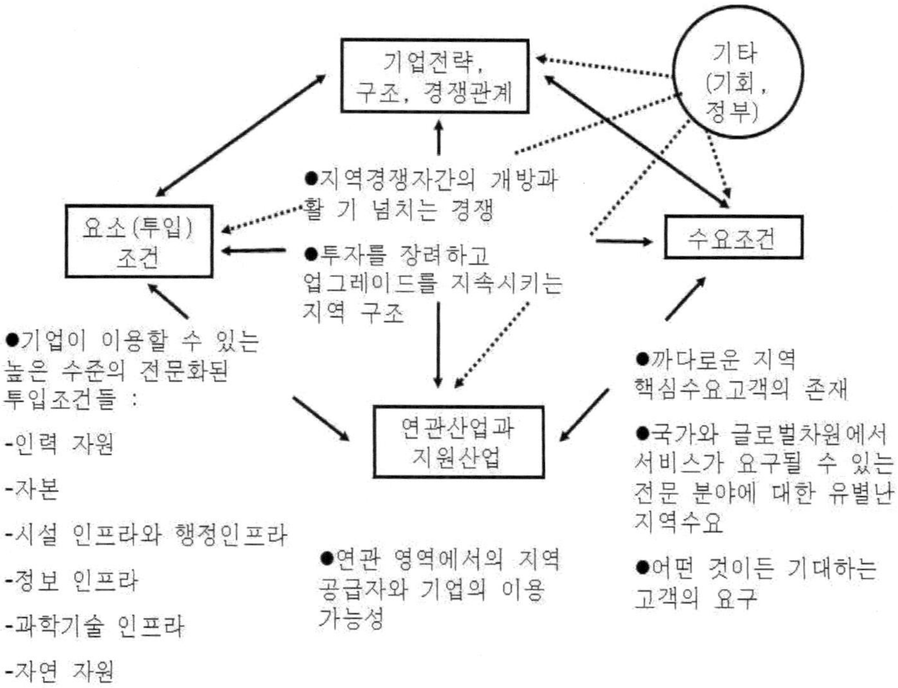

자료: Johannes Bröker, Dirk Dohse, Rüdiger Soltwedel(2003).

<표 1-1> 클러스터의 경쟁력 결정요인들

구성요소	주요특징
요소조건	·인력자원 ·기초시설 인프라와 행정 서비스 인프라 ·정보자원 인프라 ·과학기술인프라 ·자연자원
수요조건	·지역의 까다로운 핵심 수요 고객 ·전문분야에 대한 국가와 글로벌수준에서 서비스를 요구하는 지역 수요 고객 ·어떤 것이든 기대하는 고객의 요구
지역구조와 경쟁관계	·지역 경쟁자간의 개방 ·지역 경쟁자간의 활기 넘치는 구조 ·투자를 장려하고 업그레이드를 지속시키는 지역구조
연관산업 및 지원산업	·연관 영역에서 지역 공급자의 존재 ·중개 서비스기구의 지원 역할 ·연관산업 및 지원산업에 대한 기업의 이용 가능성
정부의 과제	·경쟁적 시장의 형성 ·과학, 교육, 비즈니스, 갈등해결, 회계관행, 지배구조, 노동관계 등 기업의 생산성을 극대화 하는 제도 및 하부구조와 문화조건 ·시장실패의 수정 ·기업, 시장과 비 시장 조직사이에 지식의 상호작용을 위한 제도적 틀 개선 ·지역수준에서 규모의 경제, 네트워크 외부화, 기술 관련 클러스터에서의 범위의 경제 형성

다이아몬드 구조에서 클러스터의 경쟁력 결정요인들에 관한 구체적인 내용 및 혁신을 위해 필요한 정부의 정책을 다음 표와 같이 정리하여 볼 수 있다(〈표 1-1〉참조). 다이아몬드 구조의 장점은 이 구성요인의 조건들을 찾으면서 전체적으로 지역의 산업경쟁력, 발전저해요인, 정부의 정책적 과제를 찾아 볼 수 있다는 것이다. 이 연구 분석모형을 통해 전체적으로 북경시의 중관촌을 관찰해 보고자 한다.

제3절 중관촌 첨단과학기술산업단지의 전개과정

1. 첨단과학기술산업단지 성장의 역사적 과정

중관촌은 두 차례에 걸쳐 역사적인 변천과정을 거쳤다. 첫 번째의 변화는 1980년대의 '전자상 거리', '신기술산업개발 시범단지'로부터 1999년 국무원의 「회답」으로 인한 중관촌과학기술단지 성립까지의 시기이다. 두 번째는 1999년 중관촌과학기술단지의 성립부터 현재까지의 시기이다. 중관촌의 두 차례에 걸친 발전과정은 모두 세계화와 중국 정치, 경제에 중대한 변화라는 역사적 배경하에 이루어진 것이다. 변화의 첫 단계는 중국 개혁개방의 초창기 경제, 과학기술, 교육체제개혁이 막 시작되고, 장기간 억압되어 있던 과학기술 창조력, 혁신사상과 의식이 돌출 되어진 때에 천춘셴(陣春先)으로 대표되는 연구인력이 연구원에서 나와 창업하여 중관촌 전자상 거리가 형성된 시기인 것이다. 1988년까지는 국무원이 공포한 「북경신기술산업개발 시범단지 임시 조례」가 세수 등 방면에 정책적 지원을 함으로써 중국의 첫 번째 국가급 첨단과학기술산업 개발구의 탄생을 알리게 되었다. 이 때부터 중관촌 과기 인력의 창업이 제도적인가를 획득하게 된 것이다.

중관촌의 두 번째의 변화는 1990년대 말에 시작되었다. 이는 1996년 6월 국무원의 중관촌 과학기술 단지의 신속한 건설 결정에 의해 구체화된 것이다. 이 시기는 정보기술로 대표되는 신 기술혁명의 조류가 세계적으로 일어나고, 지식경제가 포스트 공업시대의 실마리로 보이는 역사적 배경을 가지고 있다. 중관촌 이 지역의 과기혁신자원과 첨단기술산업의 발전은 중국의 지식경제 발전의 중요한 전략문제가 되었다. 이 시기의 중관촌 변화와 1차시기와 비교해 보면 규모나 수준 및 내용상에 많은 새로운 특징을 지니고 있다.[10]

첫째, 중관촌 과학기술 단지의 2차 변화과정은 국가의 과학기술, 교육 진흥 전략(科敎興國戰略)과 지속적인 발전전략의 전체 범주 하에 실시된 것이다. 1999년 국무원은 중관촌을 메카니즘 혁신, 체제혁신의 종합적인 개혁시범단지, 국제 경쟁력을 갖춘 과학기술의 시범단지, 과학기술성과 배양과 확산을 위한 단지, 고급인력양성 단지로 설정하였다. 그리고 이 때 지역범위를 확대하여 한 지역에 여러 단지를 포괄하는 단지규모가 형성되었다.

둘째, 법, 제도측면에서 제도개혁과 혁신을 가져왔다. 특히 시장경제제도와 시장규칙이 확립하기 위해 2000년에는 「중관촌 과학기술단지 조례」를 공포하고, 투자자와 창업자의 합법적인 권익을 보호하기 위한 창조적인 규정을 만들었다. 예를 들어 자연인과 외자와의 합작을 허락하는 규정, 벤처투자의 유한파트너 형식을 허

10) 戴衛, "중관촌 2차 창업의 전략적 사고", 中關村科技園區, 中國新聞 (2003. 3. 6.), pp. 3-5.

락하는 규정, 정부가 법률책임을 못 지게 하는 규정 등 중관촌의 법제화가 추진되었다.

셋째, 중관촌은 이 시기에 핵심기술 발전에 큰 진전을 가져와 첨단기술산업이 빠르게 성장하였다. 중관촌의 1차 변화단계에서는 주로 전자제품거래에 종사하였으나, 이 시기에는 첨단기술기업이 기술혁신의 주체로 성장하여 자체 지적재산권을 보유한 기술의 발전과 산업의 형성을 가져왔다.

넷째, 창업의 주체 및 구조상의 변화를 가져왔다. 1차 변화 시기에 창업되었던 롄상(聯想), 팡정(方正), 쓰통(四通) 등의 중국기업이 계속 성장하였을 뿐 아니라 귀국 해외 유학생이 창업한 과학기술 기업, 그리고 다국적 기업이 중관촌 창업의 중요 구성부분으로 형성되었다. 2003년 통계에 의하면, 현재 중관촌의 첨단기술기업에 종사하는 귀국 해외 유학생은 4400명으로 1999년의 6배로 성장하였으며, 이들의 창업한 첨단기술기업은 1500개 기업에 이르고 있다. 전체 중관촌 첨단기술기업의 10분 1에 해당하는 기업수이다. 그리고 마이크로 소프트(MS), 노키아, IBM 등 대표적인 다국적 기업들이 입주해 있으며, 2003년 현재 세계 500대 기업중 43개 기업이 지사를 설립하였다. 또한 23개의 첨단기술을 가진 다국적 기업이 R&D센터를 설립하여 중관촌의 수준 향상에 영향을 미치고 있다.

다섯째, 중관촌의 대다수 기업이 현대 경영기법을 채용하여 초기단계의 창업자의존형에서 현대기업제도로의 전환이 이루어지고 있다. 특히 용요우(用友), 롄상(聯想), 팡정(方正), 신랑(新浪), 왕이(网易) 등 첨단기술기업은 미국과 홍콩의 주식시장에 상장(上

場)하여, 기업지배구조와 관리 면에 있어 현대기업제도를 실시함으로써 중관촌의 경영관리에 변화를 가져다주고 있다.

<그림 1-3> 중관촌의 역사

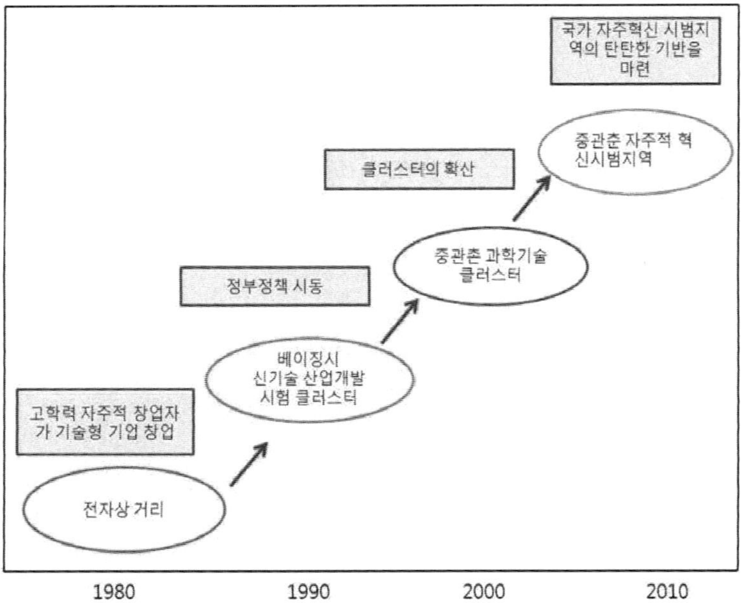

이상의 변화과정에서 중관촌은 1단계 변화과정 및 이에 따라 형성된 기초 하에 2단계에 걸친 발전단계를 거치고 있다. 특히 2단계에 들어와 중관촌은 첨단기술산업집적지로서 면모를 갖추었으며, 또한 많은 성과를 거두고 있다. 전자상거리에서 출발한 중관촌은 현재 '첨단기술'이라는 브랜드를 가지고 이미 산업클러스터로 형성되어, 지식경제의 특징을 보이고 있는 것이다.

2. 북경시 경제와 중관촌 사이언스 파크

북경시는 중관촌이 지식기반 경제의 발전을 위해 중요한 기초가 된다고 보고, 중관촌으로 하여금 첨단기술산업을 핵심으로 하는 신형 지식산업을 발전시키고자 하고 있다. 특히 중관촌에서 정보기술 산업의 발전은 중국 전통 제조업과 농업의 발전에 중요한 역할을 할 것이라 보고, 중관촌의 발전을 통해 북경시 경제를 견인하고자 하는 정책방향을 가지고 있는 것이다. 중관촌의 발전으로 북경시 경제에 가져다주는 이점을 다음과 같이 설명할 수 있다.

우선 중관촌의 지식산업의 발전은 전체 북경 지식산업의 발전으로 연결되며, 북경시 경제형식의 상승을 가져올 뿐만 아니라 지식경제로의 진입을 가능하게 한다는 것이다.

또한 중관촌은 북경외 지역으로도 파급효과를 가져와 기타 지역의 지식산업의 발전에 도움이 될 뿐만 아니라 중관촌의 첨단기술기업은 계획경제에서 시장경제로의 전환과정에서 중요한 성공사례가 된다는 것이다. 중관촌 첨단기술기업은 네 가지 자주원칙(4自原則), 즉 자기자금, 자주경영, 자기 손익부담, 자발적인 기업창업이라는 원칙을 가지고 그 동안 정부가 기업에 행정적인 간섭을 해왔던 전통적인 정부-기업관계를 개선하고 있는 것이다.

그리고 중관촌에서 형성되는 과학기술 관련 기관과 기업과의 새로운 관계는 북경시의 지역혁신 네트워크체계를 발전시키는 데에 중요한 기초가 되고 있다. 즉 대학과 연구기관이 시장이 필요로 하는 기술자원과 인력자원을 제공하고, 정부 관련 부문은 혁신에 필요한 시장환경을 보호해 줄 수 있는 건전한 정부행위를 하게 된다는 것이다.

따라서 북경시정부는 첨단기술산업으로 핵심으로 한 지식경제의 발전이야말로 북경시 경제발전을 위한 유일한 전략적 선택이라고 천명한 것이다.[11] 그것은 중관촌이 북경시 경제성장 및 발전에 핵심적인 역할을 수행 할 수 있기 때문이다.

예를 들어, 1999년 중관촌의 기술, 산업, 무역의 총수입은 637.32억 위엔(미화 약 76억 8천만 달러), GDP는 181.71억 위엔(미화 약 21억 9천만 달러)에 달하였다. 이것은 전년에 비해 41.1%와 26.7%로 성장한 것이다. 중관촌은 총생산규모에서 첨단기술산업은 뚜렷한 상승을 나타내고 있으며, 북경시 경제의 주체로 떠오르고 있다. 그리고 기술창업체계와 연구개발체계를 형성하여 비교적 높은 시장점유율을 가지는 첨단 기술 상품을 생산하고 있고, 게다가 비교적 경쟁력이 높은 첨단기술기업 클러스터를 형성하고 있다. 즉 중관촌은 첨단 기술 산업을 핵심으로 하는 북경의 지식경제체계를 초기 형성하고 있는 것이다.

제4절 중관촌의 지리적 범위와 산업

1. 중관촌의 지리적 범위

중국에서 소프트웨어 사업과 인터넷 사업, 그리고 IT관련 연구개발이 가장 활발한 지역은 '중국의 실리콘 밸리'로 불리는 북경시 중관촌(中關村) 지역이다. 비록 중관촌 지역을 '촌'으로 표기하고 있지만 북경시의 서북부 해전구(海淀區)가 중심지인 시가지이다. 현재 중관촌지역은 협의의 범위에서 북경대학, 청화대학과 중국과학원이 소재하고 있는 지역과 그 서쪽 중관촌지역을 가리키는 100

11) 羅利元, 趙慕蘭, "知識經濟與中關村", 北京試驗區管委會改革與發展硏究室, (2000), p.34.

㎢의 지역을 의미한다. 즉 현재의 백이로(白頤路)와 중관촌(中關村路) 그리고 성부로(成府路) 등으로 구성된 F형 지역이며, 중국 정부의 중관촌과학기술단지 발전계획 중의 '핵심지역'에 해당한다. 광의의 범위에서 중관촌지역은 현재의 중관촌과학기술단지의 모든 관할 범위, 즉 해정원(海淀園), 전자성과기원(電子城科技園), 창평원(昌平園), 역장과기원(亦庄科技園), 풍태원(豊台園) 등을 의미한다.[12] 해정원(海淀園)은 특히 수천개의 전문화된 첨담기술 기업이 밀접해 있는 산업 집적지(industrial cluster)이면서 중국의 전형적인 신산업지역이다.

<그림 1-4> 해정구에 위치한 중관촌 사이언스 파크 핵심 지구

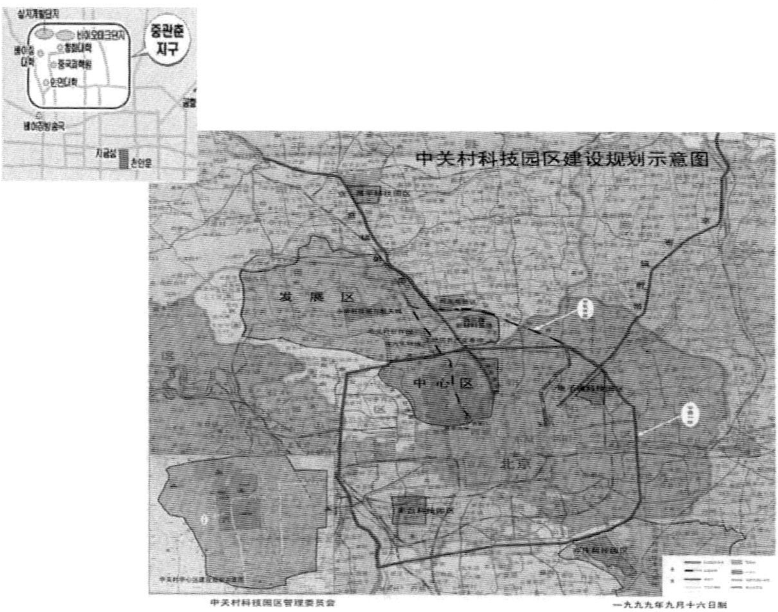

자료: 北京市人民政府中關村科技園管理委員會, http://www.zgc.gov.cn.

---

12) 中關村科技園區海淀園數據報告, 2000, p.1.

이곳은 원래 북경대학, 청화대학 등의 유명 대학과 중국과학원 등 공공 연구기관이 줄지은 문화대학 교육지대였다. 현재에도 대학과 연구기관이 몰려있는 이곳을 '학원로(學院路)'로 부르고 있다. 1980년대 초, 대학과 연구기관을 겨냥한 수입품 전자기기와 전자부품을 판매하는 점포가 모여들기 시작하고, 게다가 전자기기를 제조 판매하는 점포도 늘어나 서울의 용산상가나 대전의 둔산 전자타운과 같은 전자상가가 형성되었다. 1986년, 이런 중관촌의 전자기기판매에서 시작된 '四通(Stone)'이 일본 기업의 기술지원을 받아 최초로 중국어 워드프로세서(五筆之型)를 개발, 발매하여 중관촌에서 탄생한 최초의 성공 기업 사례가 되었다.

1988년, 중관촌 주변은 하이테크 산업개발구역(100㎢의 면적)이었는데, 이곳은 '북경시 신기술 산업개발 시험 지역'으로 지정되어 기업의 연구개발 거점과 IT관련 기업의 유치가 시작되었다. 이 시험 지역은 미국의 실리콘밸리와 대만의 신죽(新竹) 지역을 모델로, 산학협동 후원의 첨단 산업 개발이나 벤처 기업육성을 위한 최초의 시범 지역이 되었다. 그리고 이 지역에 기업소득세의 감면, 원스톱 서비스, 무역권 부여, 북경시 호적 취득, 토지 사용료 경감, 통신 시설의 우선적인 정비 등 중국 정부의 적극적인 특혜정책으로 중관촌에 설립된 연구개발형(기술기반) 기업은 급속히 증가하게 되었다.

1994년에는 북경대학, 청화대학, 중화대학원의 LAN(근거리 통신망)이 중국 최초의 인터넷망으로 정비되었으며, 1997년 북경시 교외의 몇몇 지역으로 개발구역을 확대, 1999년에는 '중관촌과학기술단지(中關村科學技術園)' 지역으로 개칭되었다.

2. 중관촌의 산업업종구성

현재 중관촌 지역에는 70여개 이상의 대학과 전문학교, 중국과학원 산하의 전자연구원, 기술연구원, 반도체연구원, 소프트웨어연구원 등 2백여개 이상의 공공 과학기술 연구원이 모여 있다. 약 380만 명 가량의 연구원 및 기술자가 있고, 매년 3만 명 가량의 대학 졸업자와 약 6천 명 가량의 대학원 졸업자가 배출되고 있다. 2010년 업체 수 기준으로 중관촌 지역의 업종 구성을 보면 IT와 첨단설비제조, 바이오, 신소재가 주요 업종으로 구성해 있다. 특히 전자정보기기로는 컴퓨터, 컴퓨터 주변기기, 소프트웨어, 교환기, 서버 인터넷 사업 등이 활발해 이런 IT 분야가 중관촌 연구개발의 중심이라는 사실을 알 수 있다.

<표 1-2> 기업규모별 경영지표(2010)

지표 업종	기업 수 (개)	총생산액 (억 위안)	총수입 (억 위안)	전년대비 증가율(%)
IT	8,840(56.2)	2,026.2(40.6)	7,378.5(46.3)	18.4
바이오	1,003(6.4)	311.2(6.2)	621.6(3.9)	25.0
신소재	1,102(6.4)	283.4(5.7)	1,072.8(6.7)	41.8
첨단 설비 제조	1,645(10.5)	969.7(19.4)	1,894.5(11.9)	30.0
에너지 기술	964(6.1)	958.2(19.2)	1,742.4(11.0)	30.7
환경	625(4.0)	38.3(0.8)	231.8(1.5)	13.0
기타	1,631(10.4)	401.0(8.1)	2,998.6(18.9)	-
계	15,720(100)	4,988.0(100)	15,940.2(100)	22.6

자료: 첨군, 이철우(2012), "중관촌 클러스터 연구개발 네트워크의 특성," 「한국경제지리학회지」, 15권 4호. pp.550-569에 재인용.

2000년 당시 통계기준으로 기업 8천2백 개 사 중에서 외자기업은 1천2백 개 사이고, 홍콩 마카오 계열이 절반을 차지하고 있다. 또 미국 기업이 4분의 1을 차지하고 있고, 일본, 유럽, 싱가포르 순으로 진출해 있다. 대표적인 외자기업으로 마이크로 소프트, 인텔, 모토로라, ATT, IBM, HP, 노키아, Lucent, NEC, 후지쯔, 마츠시타, 캐논, 도시바 등 세계 IT기업 대부분이 이 지역을 중심으로 북경 시내에 소프트웨어와 R&D센터를 갖고, IT관련 연구개발을 추진하였다.

그리고 중국 현지 기업은 사통(四通) 이외에도 현재 중국과학원 계열의 연상(聯想), 북경대학의 북대방정(北大方正), 북대청조(北大清朝), 청화대학의 청화동방(清華東方), 청화자광(清華磁光), 그리고 중연(中硏), 장성(長城) 등 중관촌에서 시작한 많은 IT 기업이 본사 및 R&D센터를 설치하고 있다. 또한 중국인 유학생과 재외 기술자는 현재 약 40만 명으로 추정되며 귀국과 창업을 돕기 위해 중관촌 관리위원회(북경시 정부의 중관촌 관리기구) 내에 '유학 인원 창업장'을 마련하여 이미 278개 사가 창업해 경영해 왔다.

요컨대, 기술의 발전에 따라 중관촌에서 잘 나타나는 것은 첨단기술 중소기업이며, 이들의 대량 출현은 실질적으로 중관촌이 연구개발 중심이라는 일종의 특수한 형태에서 비롯된 것이다. 무엇보다 중관촌은 이 지역 내에 산학협력을 비롯해 세계 선진 기술의 진전에 따라 중국 전통 산업의 구조적 재적응과 기술전환에 기여하고 있으며, 매년 수많은 기술성과 이전을 실천하고 있다.

제5절 정부의 역할: 중관촌 관리위원회

중관촌의 발전과정은 북경시 해정구에 위치한 중관촌 전자상거리로 출발하여 자연발생적으로 형성되었으나 중국정부의 선정과 지원정책으로 지금과 같은 중관촌과학기술단지가 형성된 것이다. 중관촌 지역의 발전에는 특히 1999년 중국정부로부터 과학기술단지로의 선정 이후 정부에 의한 지원정책과 관리체계가 중요한 역할을 하고 있다는 것이다.

중관촌 지역은 중관촌을 구성하는 각 원(園)마다 중관촌관리위원회가 설립되어 관리되고 있다.[13] 이 중관촌 관리위원회는 지방정부인 북경시정부가 관장하고 그 책임을 가지고 있으나 중요 문제에 있어서는 북경시정부 혹은 과학기술부가 중국정부의 행정부격인 국무원에 보고해야 한다는 관련 규정을 두고 있다.[14] 이러한 관리체계는 중관촌 관리위원회에 대해 위계적으로 조직된 다층적 관료지도체계를 설정함으로써 이는 전통적으로 중국정부가 시행하고 있는 지역 수평적, 중앙 수직적 다층 관료시스템(條塊體制, multi-hierarchy system)을 반영하고 있다고 할 수 있다.

슈뢰더(P. E. Shroeder)는 중국의 전통적인 관료체계에 대해서 중앙이 지방을 통제하려는 당-정 관료체제의 기본 특징이라고 설

13) 중관촌 관리위원회는 해정원(海淀園) 관리위원회, 전자성과기원(電子城科技園) 관리위원회, 창평원(昌平園) 관리위원회, 역장과기원(亦庄科技園) 관리위원회, 풍태원(豊台園) 관리위원회 등으로 구성되어 있는데 이 관리위원회 중에서 해정원(海淀園) 관리위원회가 전체 관장 관리기구로서 중심 역할을 감당하고 있다.

14) 조대우, 이상빈, 성을현 공역, 「북경시 중관촌(中關村) 과학기술단지 관련 법규」, (서울: 두남, 2003), pp.69-72.

명하고 있다.[15] 이 다층 관료 시스템에 의해서 중앙의 지방의 통제, 그리고 특히 당의 지도와 감시·감독 기능이 수행되는 것이다.

그런데 중관촌 관리위원회에 관련된 관리지도체제는 중관촌 관리위원회가 중관촌 지역의 관리와 서비스 업무를 실질적으로 제공하며 경제관리 사항에 대한 구체적인 처리방법은 북경시 정부가 제정하는 것으로 되어 있다. 그렇지만 중관촌 지역은 중앙정부의 정책적인 차원에서 중관촌의 발전을 계획하는 다층 관리체제로 볼 수 있다. 즉 중관촌 관리위원회의 다층 관리체계의 특징은 다음 〈그림 1-5〉 '중관촌 관리기구 리더체제' 에서 상세히 나타내고 있다.

이 관리 시스템은 중관촌 지역의 성장과 발전이 정부의 주도와 정책적 차원에 이루어지고 있음을 보여주고 있다. 이 중관촌 관리위원회는 중앙부서와 지방정부 사이에 서로 중첩된 구성조직으로 인하여 갈등보다는 정부의 지침이나 정책을 효율적으로 수행하고 있으며 정부의 지나친 행정규제 보다는 법률규정에 의거한 업무를 효과적으로 실행하고 있는 것으로 나타나고 있다. 그러나 중관촌 내의 기술 기반 기업의 성장과 발전은 정부의 지원정책과 기대에 많은 기대를 갖고 있는 것으로 나타났다.[16]

다시 말하면, 중관촌 지역의 성장의 원인은 먼저 정부의 연구개발체제 개혁을 위한 정책의 전환에 기인한다. 즉 정부의 정책전환은 1)일률적인 연구개발 자금의 폐지하고 성과급으로의 전환, 2)지적소유권제도의 확립과 기술시장의 개설, 3)연구원의 유동성 증

15) Paul E. Schroeder, Regional Power in China: Tiao-tiao Kuai-kuai authority in the Chinese Political System, (Ph.D. diss., The Ohiao State University, 1987), pp.58-64.

16) 2003. 1월 北京佳迅飛鴻電氣有限責任公司, 藍拓扑 등 중국기업과의 인터뷰.

진, 영리사업으로의 겸업인가와 위탁 및 공동 연구에 대한 규제완화, 4)연구 성과의 공개와 실용화의 의무와, 기술이전 조직의 설치, 5)기업 활동에 대한 세금감면 등에서 나타나고 있다. 그리고 둘째로 중관촌 관리위원회와 같은 지원기관의 서비스체계, 세 번째로 인프라 환경 건설을 통해 산학협동을 하고 있는 기술기반 기업을 육성하였던 것에 있다. 그리고 이러한 정부의 정책적 지원과 역할은 대학이 인큐베이터 기능을 갖춘 첨단 과학기술 단지를 개설해 벤처 기업육성을 활발히 진행시켜 나가게 되는 배경이 되기도 한 것이다.[17)]

사실 클러스터에서 정부의 역할은 국가차원이든 아니면 지역차원이든 간에 생산력 향상과 경쟁력 개선을 위한 미시 경제적 환경 개선 노력에 있어야 하며, 그리고 한 지역 내에 정부 외에도 대학, 연구기관, 인프라 제공기관, 공인 기관과 기타 많은 다른 기관 역시 기업의 사업 환경 조성에 일치된 방향으로 노력해야 한다는 것이다.[18)] 그리고 경쟁력을 갖춘 기업위주의 성장(entrepreneurship-led growth)이 혁신 클러스터의 성장과 발전에 긍정적으로 작용하게 되는 것이다. 전반적으로 중관촌 지역에서 중관촌 관리위원회의 활동은 지원기관으로서 원스톱 서비스를 제공하는 기능과 법률규정에 근거한 규범적 행위 및 인프라 환경건설에 그 초점을 맞추고 있으나, 중관촌이 초기 자연발생적 형성에도 불구하고 그 주도는 관리지도 시스템을 갖춘 정부의 정책차원에 있음은 주지의 사실이다.

---

17) 대표적으로 대학이 창업하여 크게 발전한 기업은 북경대학교의 北大方正, 청화대학교의 清華磁光을 들 수 있다. 이 들 기업은 산학협력 체계를 기반으로 연구와 기술의 상업화를 잘 연계시키는 대표적인 중국 현지 기업이라 할 수 있다.

18) 마이클 포터 외 공저, 신동욱(역), 「일본 경제 위기 보고서」, (서울: 세종연구원, 2001), pp. 202-205.

<그림 1-5> 중관촌 관리기구 리더 체제

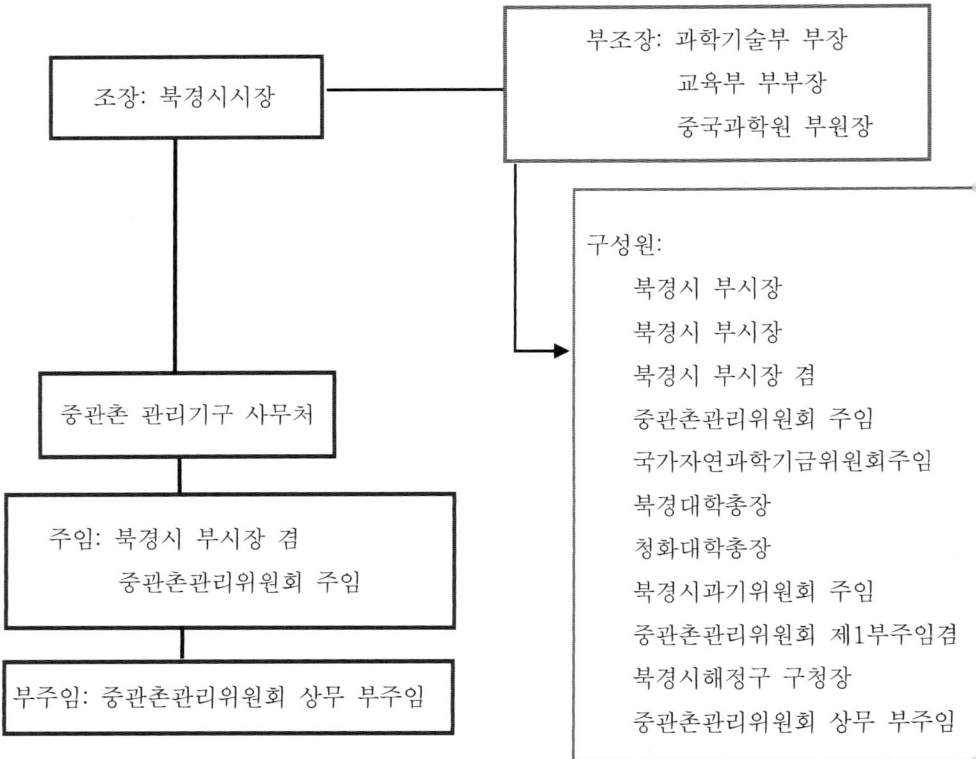

자료: 北京市人民政府中關村科技園管理委員會, http://www.zgc.gov.cn.

제6절 중관촌의 지역경쟁우위와 제약요소

1. 지리적 입지와 경쟁우위

중국의 수도인 북경에 위치한 중관촌은 수많은 대학과 연구기관이 밀접해 있는 지역에 위치해 있다. 특히 중관촌의 핵심역할을 하고 있는 해정원(海淀園)에는 인큐베이터 시스템을 갖춘 Software Park(軟件園)를 비롯하여 외국기업, 대학 및 연구기관,

공인기관 등이 밀접해 있다. 이러한 지리적 근접성은 대학과 연구기관, 인재, 지원기관들과 친밀한 관계를 유지할 수 있는 환경을 마련해 주고 있고, 또한 중관촌 「조례」 라는 중관촌 지역을 관리하는 법률제도 환경이 구비되어 있어 이런 환경들은 중관촌에 지리적 근접성 우위를 가져다주는 요인이 되고 있는 것이다.

그리고 중관촌 지역의 산업구조를 살펴보면 IT, 광학·기계·전자 일체화 산업, 신소재, 신의약과 생명과학, 의학공정 위주의 첨단기술산업 집적지로 구성되어 있어 해마다 지속적인 발전을 이루고 있다. 이러한 지리적 근접성의 우위를 기초로 중관촌은 매년 매우 높은 경제성장을 보이고 있는 것이다. 2001년 중관촌의 기술·산업·무역의 총수입은 인민폐 2,014.2억원, 공업총생산액은 인민폐 1,287.1억원, 수출외화수입은 30.5억 달러의 수준에 도달하였다. 이것은 전년에 비해 각각 40.4%, 41.0.7%, 67.6%로 성장한 것이다(〈표 1-3〉 참조).

<표 1-3> 중관촌지역의 주요 경제지표 (단위: 억원)

경제지표	1999	2000	2000-2001 증가율	2001	2002-2001 증가율
새 인증 첨단기술 기업(기업수)	1227	2461	1배	3060	24.3
부가가치	226.1	326.0	44.2	455.7	39.7
기술·산업·무역총수입	1049	1540.3	46.8	2014.2	40.4
공업총생산액(현재가)	652	915.4	40.4	1287.1	41.0
납부세비 총액	40.8	61.7	51.2	89.4	60.8
이윤총액	67.5	87.7	30.1	113.0	11.3
수출외화수입 (억 달러)	9.6	19.4	1배	30.5	67.6

자료: 중관촌과학기술단지 경제발전 년보 (2001, 2002), http://www.zgc.gov.cn

중관촌지역의 위와 같은 빠른 경제성장의 원인은 지리적 근접성 외에 무엇보다 이 지역에서 산학연관 협력 네트워크가 잘 이루어지고 있다는 점일 것이다. 이런 협력 네트워크의 효과로 인해 다음과 같은 점들이 중관촌이 다른 지역에 비해 경쟁우위를 가지게 하는 요인으로 작용하고 있는 것이다.

첫째, 산학협동 기업 가운데 대표적인 기업이 '연상(聯想)'과 '북대방정(北大方正)' 등으로 중관촌 지역을 선도하는 선도기업 역할을 하고 있다. 연상(聯想)은 1984년 중국과학원 출신 1명이 독립해서 세운 기업이지만, 당시 중국과학원이 자금을 출자하여 판매한 컴퓨터 판매대수가 2000년도에 262만 대에 달하였다. 홍콩 주식시장에도 상장했을 뿐만 아니라 지금은 하드웨어, 소프트웨어, 네트워크 비즈니스를 넘어 휴대전화 분야로까지 사업을 확장하고 있다. 또한 북경대학(北京大學)산하에 있는 북대방정(北大方正)은 1986년에 창립되어 한자 전자제판 시스템 개발로 유명해진 기업이다. 컴퓨터와 주변기기 분야에서 국내 시장 점유율 3위를 차지하고 있다. 이 기업 역시 홍콩 주식시장에 상장해 있고 3천 명 이상의 종업원을 거느리고 있다.[19)]

둘째, 지식, 정보, 신기술의 유동 및 민첩성에 있다. 중관촌지역은 지리적 근접성을 바탕으로 대량의 중소기업의 창업, 정부와 중개조직기구, 그리고 대학과 연구소 등의 교육 및 훈련조직이 형성되어 있다. 이러한 행위주체를 중심으로 내부지식, 정보 등의 전파 활동, 기업외부의 교역활동을 포함하여 전체 네트워크 내에서 행위주체간의 정보, 지식, 기술 등의 자원과 생산요소 교류 등의 관련 활동이 활발히 이루어지고 있다고 볼 수 있다.

---

19) 쿠로다 아쯔오, 박정동(역), 「메이드 인 차이나」, (서울: 시대의 창, 2001), pp.161-164.

셋째, 시장의 불확실성을 감소시키면서 시장정보에 교류활동이 이루어지고 있다는 것이다.[20] 중관촌지역은 기업과 연구기관 혹은 대학이 공동 참여하는 기술협력, 지식기술 확산 등의 활동과정에서 형성된 연구개발 협력 네트워크 혹은 기술교역 네트워크가 이루어지고 있다. 그리고 기업과 정부기관 혹은 중개 서비스 기관과 결성된 공공정책성 지원 등을 통해 시장정보에 대한 협력의 조직체제를 형성하고 있는데 바로 이점이 중관촌 지역에 위치한 기업에게 유리한 이점을 가져다 주고 있는 것이다.

넷째, 기업 간의 거래비용 감소와 기회주의 발생의 억제가 어느 정도 나타나고 있다는 것이다. 이 지역 내에 공통적으로 형성되어 있는 사회문화배경 위에 보통 '관시(關係)'라 불리우는 관계가 설정되어 있다. 즉 이러한 개인과 개인간의 비공식적 사회 네트워크 관계에 주로 의존하여 기업간 혹은 기타 구성주체 행위자사이의 연계가 형성되고 있고, '기술·산업·무역의 일체화'에 의한 기업성장이 중요시되고 있다는 것이다. 하지만 개문계(盖文啓)의 중관촌지역 설문조사에 의하면, 기업 간의 네트워크체제에 관해 초기에는 기업간의 네트워크 협력체계 형성을 중요시하면서도 실제로 발전과정에서는 협력의 정도는 별로 높지 않은 것으로 나타났다.

다섯째, 지식혁신의 복잡성에 대한 기업과 지역의 적응력 강화에 있다. 주지하다시피, 중관촌지역은 대학과 연구기관이 가장 밀접해 있는 지역이다. 이 지역 내에 전문대학 이상의 학교가 73개, 연구기관은 232개가 밀접해 있다. 이러한 대학과 연구기관의 연

---

20) 1994년 14차 공산당 전회에서 사회주의 시장경제체제 확립을 결정하고 계획경제에서 시장경제체제로 전환하여 많은 진전을 이루었나, 그러나 아직까지 재산권 제도 등의 불명확성으로 인해 시장제도의 불확실성은 여전히 남아 있는 것으로 파악되고 있다.

구·개발 활동을 통해 새로운 지식과 기술의 성과가 나타나고 있고, 또 기업을 창업·보육하는 역할도 담당하고 있다. 중관촌지역의 대학과 연구기관에서 끊임없이 발생하는 과학기술의 성과는 모두 기업에게 전환되는 것은 아니며, 과학기술 성과의 전환율은 5% 전후이다.[21] 그러나 이렇게 발생되는 과학기술의 성과는 한편으로는 상품의 시장화 성공의 가능성을 높이고, 다른 한편으로는 지역 내에 누적되어 기술지식의 함량을 높이고 있는 것이다.

간단히 말하자면, 중관촌지역의 발전 초기에는 지역 내에 대부분의 신기술기업이 과학기술 연구기관과 대학 등에서 탄생했으며, 동시에 기업의 창업자들은 원래의 대학 및 연구기관과 계속해서 긴밀한 관계를 가지면서 네트워크를 형성하였다는 의미인 것이다. 또한 중관촌지역 내 대부분의 대학과 연구기관은 국가부문위원회나 북경시 정부부문의 공공 교육, 연구기관에 소속되어 있어 그 기술성과는 국가의 연구계획과 북경시 정부의 연구과제에서 나오게 되는 것이다. 따라서 연구 · 개발 경비는 주로 정부부문의 재정지원으로부터 얻게 되는 것이기는 하지만, 아직도 중관촌지역 금융기관과는 상대적으로 연계성이 취약하다는 문제를 안고 있기도 하다.

그러나 중관촌지역은 일정한 지리적 범위 내에 각 주체간의 상호 협력적인 일종의 집합체가 형성되어 있다고 볼 수 있다. 네트워크의 주요 형식은 지역 내에 지역 내의 매 기업이 설계, 기술개발, 생산, 시장판매 등의 가치창출 활동 중에서 선택적으로 기타 기업 혹은 행위주체와 맺게 되는 안정적 관계로 나타나고 있다. 이러한 중관촌 지역의 네트워크는 정부의 정책적 지원에 크게 의

21) 2003.1 중관촌 관리위원회 인터뷰.

존되어 있고 금융체계와의 연계가 미흡한 한계도 지니고 있다. 그러나 중관촌 지역이 다른 지역에 비해 가지고 있는 경쟁우위는 풍부한 연구인력자원과 산학연관 협력네트워크가 자리잡고 있다는 점이다.

2. 중관촌지역의 제약요소

중관촌지역은 일정한 지리적 범위 내에 각 주체간의 상호 협력적인 일종의 집합체가 형성되어 있다고 볼 수 있다

중관촌 지역의 매우 빠른 성장과 발전, 그리고 지리적 근접성 우위에도 불구하고 중관촌 지역에 여전히 몇 가지 제약요소가 존재하고 있다.

먼저 기술요인의 제약성이다. 중관촌은 지식 집약형 산업 밀집지역으로 과거에 상품화로 실현되지 않았던 기술들이 시장 상품화로 전환하여 성공을 거두었고, 또 외국 선진 기술 흡수하여 중관촌의 도약기를 맞이하였다. 그러나 중관촌의 산업구성이 IT정보산업 위주로 형성되어 있고, 그 기술은 정보산업의 핵심 기술이 아니라 바로 주변기기 기술에 머무르고 있다는 것이다. 그리고 이러한 기술의 열세는 중관촌의 많은 기업으로 하여금 미국 실리콘 밸리의 부속기업으로 활동하는 문제를 낳고 있다는 것이다.[22)]

다음으로 재산권(property rights) 제도에 대한 불명확성이 제약요소로 나타나고 있다. 이 문제에는 중국경제 전반에 나타나고 있는 것이기는 하지만, 현재 중관촌 지역에도 동일하게 나타나고 있

---

22) 孫建, 劉小暢, "北京城市高新技術産業發展道路考察", 북경대학 광화관리학원 국가첨단기술산업개발구 발전전략 연구원, 논문자료 1999, 참조.

다는 것이다. 중관촌에 존재하는 기업을 크게 두 가지로 분류하면 첫째, 재산권 범주로 구분해야 하는 전통적인 집체 소유의 민영 과학기술 기업, 둘째 지식기반 범주로 구분해야 하는 국유 과학기술 기업으로 나누어 볼 수 있다. 이 두 분류에서 보는 바와 같이 누가 진정으로 기업의 소유자인지 명확한 구분을 할 수 없다는 것이다.[23)]

세 번째로 중관촌 지역 내의 기업들이 정부와의 관계를 중시하고 있다는 것이다. 이 문제는 중관촌 내의 기업이 기업 자신의 혁신과 경쟁력 강화에 의해 발전을 도모하기보다는 정부의 지원 및 우대정책에 의존하는 경향이 강하다는 것이다. 그리고 이 문제는 지적 재산권의 보호를 포함하여 기업 간의 신뢰 관계에 의해서도 영향을 받는 것인데, 관시(關係)-신뢰는 정(正)의 관계로 나타나지만 문제는 '관시(關係)'가 주로 동창생, 친척 등 관계에 국한되고 있다는 것이다. 따라서 기업은 정부의 관계에 기업의 발전을 도모하고, 기업 간에 더 나아가 동종 기업 간에 이루어지는 협력이나 집단학습은 약하다는 것이다.

마지막으로 벤처자본이 부족하다는 것이다. 1999년 6월에 실시한 중국 과학기술 재정 협회의 통계에 따르면, 벤처자본 투자자라 불릴 수 있는 신탁회사, 보증 기금과 신용조합이 92개이고 가용자금이 인민폐 74억 위엔, 그러나 벤처자본 기금은 10억 위엔 이하에 이른 것으로 파악되었다. 또한 NASDAQ과 같은 금융시장이 부재하므로 중관촌 지역의 기업들은 대부분 정부로부터의 벤처투자 기금에 의존하고 있는데, 예를 들어 북경시 정부는 전체 기금

23) 1984년 四通이 창업되었을 때 이 기업은 집체 소유제 기업이었으나, 주식제 회사로 개조하면서 기업 창업자와 관리자가 정식 주주와 주인으로 서게 됨으로써 집체 소유제가 갖고 있는 재산권 문제를 해결 하고자 하였던 것이다.

이 인민폐 11억인 5개의 벤처자본 회사를 운영하고 있는 것이다.[24)]

이상과 같은 제약요소들은 중관촌지역이 지리적 근접성이 갖고 있는 우위와 산학연관 협력체제의 활력에도 불구하고 혁신 클러스터로 발전하는데 적지 않은 장애 요소로 작용하고 있다. 즉 기업간에 상호보완 할 수 있는 네트워크체제 구축의 미비, IT 중심의 산업기반과 그 기업들이 가지고 있는 기술력 열세, 벤처자금에 대한 정부에의 지나친 의존 등이 중관촌과 같은 과학기술단지에서 전문생산자의 지역 집적지로서의 능력 심화와 확대에 크게 기여하고 있지 못하고 있는 것으로 설명된다.

3. 중관촌지역의 경쟁력에 관한 종합 분석

이상의 내용을 기초로 하여 중관촌 첨단과학기술단지의 지역클러스터 경쟁력을 다음과 같이 종합적으로 분석하여 볼 수 있다.

(1) 요소조건: 중관촌에는 중국 중점 대학과 연구기관에서 배출하는 우수인력과 해외 귀국 유학생 등 우수한 인력자원을 가지고 있다. 그리고 정보기술 및 바이오 기술에 상대적으로 우수한 과학기술자원을 가지고 있다. 그러나 중관촌 지역의 전체 IT방면의 핵심기술은 아직 열세에 있다. 또한 중국정부가 중관촌지역에 기초시설 인프라 및 기타 환경(정보, 문화, 교육 등)을 잘 구축해 놓고 있어 입주기업의 편의를 제공하고 있으며, 특히 중관촌 관리위원

24) Wang Xiaomin, "Zhongguancun Science Park: A SWOT Analysis", Working Paper, World Bank-East Asian Development Network Fellowship, Visiting Researchers Series No. 10 (May 2000), pp.23-24.

회는 중관촌 첨단기술기업을 위한 양질의 One-stop행정 서비스를 제공하고 있다.

(2) 수요조건: 중국의 빠른 경제발전에 따라 생활수준의 향상을 보이고 있는 핵심 수요고객이 존재하나 전문분야에 대한 까다로운 서비스를 요구하지는 않는다. 그리고 제품수요시장은 북경시와 중관촌 외부 지역에 거의 균등하게 존재하고 있다.

(3) 지역구조와 경쟁관계: 경쟁기업간의 상호모방으로 제품 및 기업혁신과 발전을 저해하고 있다. 경쟁기업간에 개방된 경쟁구조를 가지고 있지 않으며, 시장제도와 법률은 구비되어 있으나 지적재산권 보호의 실질적 미비로 동종 기업 간에 이루어지는 협력이나 집단학습은 약하다. 따라서 기업간의 상호 신뢰협력관계가 미약하다.

(4) 연관산업 및 지원산업: 중관촌에는 연관 영역에서 지역 공급업체가 존재하는데 기업과 공급업체간에 관계를 유지하는 기반은 주로 지리적 근접에 따른 편리성에 있다. 그리고 시장거래, 무역상담회 혹은 각종 협력 교류회 등 활동에 참여를 통해 시장정보를 획득하고 있다. 중관촌에는 중개 서비스기관이 비교적 많으나 반관반민(半官半民)의 성격을 띄고 있는 중개기구가 많이 있다. 따라서 기업에 밀접한 서비스를 제공해 주고 있지 못하고 있는데, 이를테면 창업서비스센터, 회계사사무소, 변호사사무소 등 기관들과 기업들과의 관계가 밀접하지 않다. 그리고 벤처 금융기관의 지

원이 결여되어 있고, 또 중관촌은 제품을 생산해주는 생산기지로서의 역할은 아직 미비하다.

(5) 정부의 정책: 중관촌 「조례」를 기초로 하여 법률·제도 환경 및 시장질서를 보호하고 있다. 그러나 기업과 관련되어 있는 회계관행, 기업지배구조 개선미비와 중국 전체 기업재산권제도의 관행으로 인해 기업의 생산성을 극대화하는 조건이 갖추어져 있지 않다. 또 중관촌 지역의 우대정책(특히 세금감소와 면제정책)과 정부의 연구 프로젝트 사업은 초기 중관촌의 발전에 중요한 요인이었으나, 점차 기업의 혁신과 자체발전을 저해하는 요소로 남아 있다. 그리고 기술인력자원과 경영관리인력자원에 대한 기업의 흡인력, 응집력을 제고할 수 있도록 기업의 재산권제도, 지역 교육체제 등 제도적 개선을 해야 하는 정책과제가 있으나 행정기구가 내부적으로 중첩되거나 방대해져 있다. 중관촌은 비교적 큰 규모로 집적되어 있으나 이를 연결하는 범위의 경제가 부족하다.

(6) 중관촌지역혁신환경: 「조례」를 기초로 한 법 · 제도환경이 잘 마련되어 있다. 그리고 노동력획득의 기회, 기초인프라 및 정보이용, 관련 지식의 전문성, 기업의 인지도 상승 등에는 중국의 기타 지역과 비교하여 상대적인 우위를 보이고 있지만, 중개서비스 기구나 연관산업 역할은 전체적으로 미비하다. 또 기업 간에 협력할 수 있는 상호신뢰문화가 결여되어 있다. 기업이 이용할 수 있는 벤처금융기관의 지원이 결여되어 있고, 정부의 우대정책 및 지원정책에 크게 의존하고 있다.

<표 1-6> 중관촌 지역의 경쟁력 분석

구성요소	주요특징
요소조건	·우수한 인력자원은 있으나 교육체제개혁이 필요 ·기초시설 인프라와 행정 서비스 인프라 양호 ·정보자원 인프라 구축 ·과학기술인프라 구축되어 있고, 산학협동이 비교적 활발함
수요조건	·핵심 수요고객이 존재하나 전문분야에 대한 까다로운 서비스를 요구하지는 않음 ·제품수요시장은 북경시와 중관촌 외부 지역에 균등하게 존재
지역구조와 경쟁관계	·경쟁기업간의 상호모방이 빈번 ·경쟁기업간에 개방된 경쟁구조를 가지고 있지 않음 ·시장제도와 법률은 구비되어 있으나 지적재산권 보호의 실질적 미비 ·동종 기업 간에 이루어지는 협력이나 집단학습 약함 ·기업간의 상호 신뢰협력관계가 미약
연관산업 및 지원산업	·중관촌에는 기업과 공급업체간에 관계를 유지하는 기반은 주로 지리적 근접에 따른 편리성 ·시장거래, 무역상담회 혹은 각종 협력 교류회 등 활동에 참여를 통한 시장정보를 획득 ·중관촌에는 중개 서비스기구가 비교적 많으나 반관반민(半官半民)의 성격 ·중개 서비스기구는 기업에 밀접한 서비스를 제공해 주고 있지 못함. ·벤처 금융기관의 지원이 결여 ·중관촌은 제품을 생산해주는 생산기지로서의 역할은 아직 미비
정부의 정책	·중관촌 「조례」를 기초로 한 시장질서 보호 ·기업과 관련되어 있는 회계관행, 기업지배구조 개선은 미비 ·우대정책(특히 세금감소와 면제정책)과 정부의 연구 프로젝트 사업은 지속적 실시 ·기업의 재산권제도, 지역 교육체제 등 제도적 개선을 해야 하는 정책과제 ·행정관리기구가 내부적으로 중첩되거나 비교적 방대 ·중관촌을 연결하는 범위의 경제가 부족
지역혁신환경	·「조례」를 기초로 한 법률제도환경 ·노동력획득의 기회, 기초인프라 및 정보이용, 관련 지식의 전문성, 기업의 인지도 상승 등에서 비교우위 ·중개서비스 기관이나 연관산업 역할은 전체적으로 미비 ·상호신뢰문화가 결여 ·벤처금융기구의 지원이 결여 ·정부의 우대정책 및 지원정책에 크게 의존

제7절 중관촌 사이언스 파크의 성공과 방향

중관촌지역은 일정한 지리적 범위 내에 각 주체간의 상호 협력적인 일종의 집합체로 발전해 왔다. 중관촌 지역의 경쟁우위는 풍부한 바로 인적자원을 바탕으로 한 산학연관 네트워크에 있다. 이 네트워크의 주요 형식은 기업이 가치창출을 위해서 선택적으로 기타 행위주체와 맺게 되는 안정적 관계로 나타나고 있다. 특히 과거에는 기술개발이 상품화로 연결되지 않았던 문제를 기술·산업·무역의 일체화로 해결하면서 중관촌 지역의 빠른 경제성장을 가져왔다. 또한 중관촌은 연구개발 중심이라는 일종의 특수한 형태를 띠면서 매년 기술성과 이전을 비롯해 중국 전통 산업의 구조적 재적응과 기술전환에 기여하고 있는 것이다.

이 중관촌 지역을 관리하는 정부도 서로 중첩된 지도체계를 갖는 관리조직을 구성하여 정부의 지침이나 정책을 효율적으로 수행하고 있으며, 정부의 지나친 행정규제 보다는 법률규정에 의거한 서비스 업무를 효과적으로 실행하고 있는 것이다. 중관촌 관리위원회는 작은 정부, 큰 서비스(小政府, 大服務)라는 그들만의 실행지침을 가지고 지원기관으로서의 역할을 하고 있는 것이다.

특히, 중관촌의 산학협력 네트워크는 다른 지역에 파급효과(spill-over effect)를 가져오면서 신산업지역로서의 역할과 기업의 경쟁력 향상에 긍정적으로 작용하고 있는 것이다. 즉 중국의 과학기술의 메카로서 뿐만 아니라 첨단과학기술의 벤처기업의 창업과 문화 그리고 실질적으로 북경시 경제의 발전에 중요한 기여를 하고 있다. 사실 중관촌 사이언스 파크는 글로벌 산업 트랜드와 과학기술의 급변하는 환경에 신속히 적응하고 지속적인 혁신을 창조하기 위한 목적에 비롯된 것이다. 중관촌 사이언스 파크에서 형성되고 있는 산학관 네트워크는 단순한 시장 메카니즘(mechanism)의 대체가 아니라 상호 보완역할로서 기업의 전문화와 국가의 연구개발 및 국제 경쟁력 강화에 기여하는 밑거름이 되고 있다.

그러나 문제는 중관촌 지역의 기업은 정부에서 제시하는 연구 프로젝트의 참여나 자금지원 정책을 통해서 기업의 발전을 도모하고 있다는 하나의 중요한 문제점을 지니고 있다. 기업 간에 상품의 보완이나 정보교류, 혁신, 학습 등 상호보완 할 수 있는 네트워크 관계는 중관촌 지역에서 크게 나타나고 있는 현상이 아니다. 다른 국가의 몇몇 신흥 과학기술 단지 사례에서도 보여 지는 바와 같이 중관촌의 발전을 정부의 발전계획과 정책(특히 산업정책), 그리고 주도적 역할에 크게 의존하고 있다는 점이다. 개혁개방 30여 년 기간 동안 시장경제로 전환되고 있는 중국의 문제는 강한 국가의 문제를 해결하고 기업이나 사회에 자주권을 어떻게 부여해 주느냐 하는 것에 있었다. 마찬가지로 중관촌의 문제는 민간주도에 전문화된 기업 간의 네트워크관계가 쉽지 않고, 중국의 사회·문화적 배경도 쉽게 허락되지 않는다는 것이다. 더욱이 '관시(관계)'-신뢰 관계는 중관촌 지역 내에서 동종 기업 간의 상호 보완성을 가져다주지는 않는 것으로 보인다.

중관촌이 앞으로 발전하기 위한 관건은 중관촌지역에 신뢰체계와 신뢰문화의 형성이라 할 수 있다. 사실 혁신 클러스터의 발전은 지리적 입지와 네트워크관계에 의해서 영향을 미칠 수 있다. 이는 지리적 입지에 의한 상호보완성과 사회 네트워크도 간과할 수 없는 요인이라는 의미 때문이다. 따라서 과학기술단지로서 중관촌의 형성과 발전은 중국정부에게 의미 있는 프로젝트이기는 하나, 사실상 상향식 혁신 클러스터로서 자발적 시스템구축은 아직 미비하다고 할 수 있다.

〈참고문헌〉

마이클 포터, 「경쟁론」, 김경묵·김연성 공역 (서울: 세종연구원, 2001)

마이클 포터 외 공저, 신동욱(역), 「일본 경제 위기 보고서」, (서울: 세종연구원, 2001)

조대우, 이상빈, 성을현 공역, 「북경시 중관촌(中關村) 과학기술단지 관련 법규」, (서울: 두남, 2003)

쿠로다 아쯔오, 박정동(역), 「메이드 인 차이나」, (서울: 시대의 창, 2001)

한국산업은행조사부, 「중국의 벤처산업」, 2002.

王德祿 主編, 『知識經濟与中關村』, 山東教育出版社, 2001.

吳敬璉, 『制度重于技術』, 中國發展出版社, 2002.

------, 『當代中國經濟改革: 戰略与實施』, 上海遠東出版社, 1999.

李鐘文 主編, 『硅谷優勢』, 人民出版社, 2002.

盖文啓, 『創新罔絡: 區域經濟發展新思維』, 北京大學出版社, 2002.

陳守明, 『現代企業: 罔絡』, 上海人民出版社, 2002.

中共北京市委宣傳部, 北京市經濟委員會, 北京市人民政府經濟體制改革辦公室, 北京企業文化建設協會, 『孕育未來: 中關村創業現象的觀察与思考』, 北京出版社, 2001.

鍾堅, 『世界硅谷模式的制度分析』, 中國社會科學出版社, 2001.

陸昊, 『思考中關村』, 中國經濟出版社, 2002.

孫建, 劉小暢, "北京城市高新技術産業發展道路考察", 북경대학 광화관리학원 국가 첨단기술업개발구 발전전략 연구원, 논문자료 1999.

北京市人民政府中關村科技園管理委員會, 『中關村科技遠區』, 1999.

北京市人民政府中關村科技園管理委員會, "識經濟与中關村", http://www.zgc.gov.cn.

北京市人民政府中關村科技園管理委員會, "中關村科技園區發展報告" ,http://www.zgc.gov.cn

北京市人民政府中關村科技園管理委員會, 『中關村科技遠區海淀園數据報告』, 1999, 2000, http://www.zgc.gov.cn.

北京市地方稅務局, "減免稅基本規定: 高新技術企業享有哪個稅收優惠政策?" , http://www.bjltb.gov.cn.

國家統計局 編, 『中國統計年鑒2002』, 中國統計出版社, 2002.

AnnaLee Saxenian, "Taiwan's Hsinchu Region: Imitator and Partner for Silicon Valley" , SIEPER Dicussion Paper No. 00-44 (SIEPR and University of California, Berkely)

G. Grabher, The Embeded Firms: On the social-economics of industrial networks, (London: Routledge)

Johannes Bröker, Dirk Dohse, Rüdiger Soltwedel(eds.), Innovation Clusters and Interregional Competition, (New York: Springer, 2003)

Mark Granovetter, "Econmic Action and Social Structure: The Problem of Embeddedness," American Journal of Sociology Vol. 91 (1985)

Michael E. Porter, "The role of location in competition", Journal of the Economics of Business, Vol. 1, No. 1, (1994)

Michael E. Porter, "Clusters and the new economic of competition", Harvard Business Review, (November-December 1998)

Paul E. Schroeder, "Regional Power in China: Tiao-tiao Kuai-kuai authority in the Chinese Political System," (Ph.D. diss., The Ohiao State University, 1987)

OECD, Boosting Innovation: The Cluster Approach, (1999)

Philip McCann & Stephen Sheperd, The rise, fall and rise again of industrial location theory," Regional Studies, Vol.37 6&7(August/October, 2003)

Wang Xiaomin, "Zhongguancun Science Park: A SWOT Analysis", Working Paper, World Bank-East Asian Development Network Fellowship, Visiting Researchers Series No. 10 (May 2000).

제2장 글로벌 생산체계에서 중국 동관(东莞) 지역의 역할과 IT · 전자산업클러스터의 발전

제1절 광동성 동관지역 산업클러스터

Porter가 1990년 국가경쟁우위에 대한 연구에서 클러스터(cluster) 개념을 도출한 이후, 특정 지역에 형성된 산업클러스터는 지역경제 발전을 촉진시키는 주요 수단으로 인식되어 왔다. 이는 기업들이 특정 지역에 상호 집적된 상황에서 지리-기업-산업의 조직적 관계는 개별 기업의 경쟁우위를 강화하는 미시경제적 조건에 유리하다고 보는 것이다(McCann and Sheppard 2003). 이러한 경험적 인식을 배경으로 최근 지역경제의 발전과 산업경쟁력을 강화하는 핵심 역량으로 지역 산업클러스터가 주목 받아 왔다. 특히 후발산업국가로서 동아시아지역 국가들 사이에서는 지역 산업클러스터를 어떻게 효과적으로 육성할 것인가의 문제가 주요 정책적 이슈로 대두되었다.

사실, 특정 지역에서의 집적경제(agglomeration of economy)에 대한 조명에서 발전한 산업클러스터라는 개념은 어느 한 지역에서 동종 혹은 이종 기업들과 그리고 이들 산업기업들과 관련된 지원기관의 지리적 집적을 의미한다(Poter 1998, 77). 마샬적(Marshallian) 전통을 따르는 신산업지구론(New Marshallian Industrial Districts, NMID)은 이러한 지리적 집적을 매개로 하여 나타나는 기업들 간 집단학습효과, 지리적 근접성효과 및 사회문화적 공동체주의 등은 지역경제의 성장을 촉진시키는 '내생적 성장요인(endogenous growth factor)' 으로 보았다. 신산업지구론의 이론적 발전을 계기로 이 내생적 성장요인에 대한 분석은 특히 지역경제는 물론 전체 국민경제성장을 위한 지역혁신시스템(Regional Innovation System, RIS)의 중요성을 강조하는 연구자들에 의해 집중적으로 이루어져 왔다.

그러나 최근 또 하나의 다른 연구경향은 클러스터를 중심으로 내생적 요인에 대한 분석 외에 지역 산업클러스터와 글로벌 경제와의 외부적 연계성에 관한 분석을 지역경제 발전의 핵심요소로 더 강조하고 있다. 즉 다국적 기업이 진출한 아시아지역에서 출현한 지역 산업클러스터가 글로벌 생산체계에서 차지하는 위상에서 볼 경우 글로벌 생산네트워크와 지역산업과의 상호작용 관계를 더 중요한 성장요인으로 설명하고 있다.

소위 글로벌화(globalization)와 이와 관련된 혁신(innovation)을 중심 요소로 놓고 보는 최근의 동향은 해외직접투자(FDI)나 국제생산을 통한 글로벌 생산네트워크(Global Production Network, GPN)의 지역적 분화과정과 그 상호작용, 그리고 지역혁신시스템 형식으로의 점진적 진화라는 관점을 채택하고 있다(Wei, 2009). 예를 들어, 아시아지역의 여타 개발도상국가와 마찬가지로, 중국 몇 개 지역에서 초기 집중적으로 발전된 핵심 산업클러스터는 1980년대부터 이루어진 해외직접투자(FDI)와 국제생산의 지역적 분화를 계기로 출현하였다. 그리고 WTO가입 이후에는 중국의 각 지역에서 세계화가 본격적으로 촉진되면서 개혁개방정책의 시행 이후부터 그동안 제조업 수출기지로서 역할을 담당해왔던 지역산업들 역시 글로벌 생산체계와의 상호작용 관계가 더욱 긴밀해졌다.

가장 대표적인 사례로 중국 남방지역에 위치해 있으면서 개혁개방 초기부터 해외직접투자가 집중되었던 주강삼각주(珠江三角洲)지역은 글로벌 생산체계에서의 지역적 분화가 일정 부분 이루어진 지역으로 지금까지 '세계의 공장'으로 널리 알려져 있다. 특히 홍콩과 마카오, 그리고 심천(深圳), 주해(珠海), 동관(東莞) 등의 광동성(廣東省) 일대를 포함하고 있는 주강삼각주 지역에는 주로 홍콩과 대만의 화교자본으로 중국에 유입된 해외직접투자의 상당 부분을 차지해 왔다. 이들의 해외직접투자는 개혁개방정책의 일환으로 지정된 광동성의 경제특구지역을 중심으로 1980년대 초부터 시작된 것이다. 이 개혁개방 정책을 배경으로 주강삼각주 일대 지역은 위탁가공 · 보상무역 형태인 '삼래일보(三來一補)'정책을 통해 PC제조, 섬유, 의류, 신발, 가구와 같은 수출위주의 노동집약적 제조업이 발전하였다. 그리고 1990년대에 이르러서는 홍콩과 대만의 다국적 기업들에 의한 해외직접투자는 지리적으로 인접한 주강삼각주와 그 주변지역, 그리고 동부 연해지역으로 확산되면서 이들 지역을 중심으로 하는 산업클러스터의 형성에도 지대한 영향을 미치게 된다.

주강삼각주 핵심지역 중의 하나인 광동성(廣東省) 동관시(東莞市) 또한 지리적으로 근접해 있는 홍콩을 이용하여 줄곧 경제발전을 추구해 왔다. 1980년대 초반은 홍콩으로부터 가전산업 관련 중소 다국적 기업이 동관지역에 진출하여 생산 공장을 세우고, 그 후 1990년 중반에는 대만의 PC제조업체의 진출이 잇따르면서 현재 동관에는 정보통신산업과 PC부품 및 전자산업 중심으로 지역

산업클러스터가 발전해 왔다(Tong and Wang, 2002; 조대우 · 이상빈, 2004). 즉 동관시 산업클러스터 사례는 개혁개방 이후 중국 제조업 산업의 발전뿐만 아니라, 글로벌 시대에 해외직접투자의 관계를 살펴 볼 때 아시아지역 후-후발산업국가(late-late developmental state)에서의 지역경제의 성장과 산업발전과정의 연구에 대한 이론적 시사점을 줄 수 있는 지역적 사례 중의 하나라 할 수 있다.

따라서 본 장에서는 먼저 이 광동성 동관시 지역산업클러스터의 사례를 중심으로 이론적으로는 지역산업발전의 내생적 성장요인 분석(NMID) 혹은 글로벌 생산네트워크와의 외부적 연계성을 기초로 하는 산업의 지역적 분화(GPN)에 대한 관점을 간략히 비교해 보고자 한다. 또한 경제지리의 제도주의 시각에서 지역산업 진화의 문제를 다루고자한다. 이러한 관점들의 상호 비교를 통해 본 연구는 글로벌 생산체계에서 공간적으로 현재 동관시 지역이 가지고 있는 산업클러스터의 위치와 역할을 설명한다. 그리고 산업적인 측면에서 각 국의 제조업 산업의 역량과 견주어 볼 때 중국 동관시 지역산업과 기업들이 보유하고 있는 상대적 경쟁력을 분석하고자 한다.

제2절 이론적 분석틀: 글로벌 생산네트워크와 제도적 역량

1. 글로벌 생산네트워크와 산업클러스터의 제도적 역량

1920년 마샬이 산업지구라는 개념을 도출한 이후, 산업클러스터에 기초한 마샬의 집적경제모델은 세 가지 요인, 즉 숙련 노동자

시장, 무역업 및 생산재 공급자의 발전과 기업 공동체 내의 정보 공유는 상호 집적과 관련된 산업적 활동을 촉진하다고 하였다 (Yang and Liao 2010, 490). 여기서 마샬이 언급했던 산업지구란 중소기업의 다수가 특정한 지리공간상의 지역에 모여 있는 곳으로 기존의 대기업의 포디즘적 생산방식의 잔재로 매우 경직되어 있는 지역과 대비하여 혁신의 분위기가 농후하고 중소기업 간에 경쟁적 협력 및 유연한 분업적 생산네트워크 체계를 통해 지속적 경제성장이 이루어지는 지역을 가리켰다. 즉 마샬은 지리적으로 제한된 지역 내에 중소기업 간의 협업적 생산과 이들 기업이 지역적으로 착근된 경제조직, 즉 산업클러스터가 대기업의 규모경제를 능가할 수 있다고 보았다. 예를 들어, 이탈리아의 동북부 지역은 1970년대 말 80년대 초 세계경제의 불황기에도 안정적인 경제성장을 이루었는데, 이 지역의 특징은 마샬이 강조한 산업지구의 모습과 같이 지역별로 특화된 산업을 가지고 있을 뿐만 아니라 중소기업 간의 네트워크와 분업이 잘 발달되어 있었다.[25)]

이러한 사례들의 연구를 통해 형성된 산업지구에 대한 전통적 연구들은 지역 경제성장에 있어 지역적 자산과 내생적 성장 역량을 주장하게 되었으며, 이를 통해 '신산업지구론'의 이론적 발전을 주도하였다. 소위 신산업지구는 전문화된 유연적 생산체계와 집적경제, 지역적으로 특화된 산업 및 소기업들 간의 연합

---

25) 연구자들은 소위 제3의 이탈리아로 불리는 동북부 지역뿐만 아니라 미국의 실리콘밸리와 같이 국지화된 경제를 통해 경제성장을 달성하는 지역을 '신산업지구'로 명명하였다. 국지화 경제 효과가 나타나는 이유를 전문적인 기능, 숙련 노동력, 전문화된 기계 등의 생산요소를 공동으로 활용하고, 공급자 및 고객들과의 근접성에 따라 거래비용이 감소되기 때문으로 보았다. 다음을 참조 Marco Bellandi(2009), "Perspective in mature Marshallian industrial districts," Working Paper, http://www.disei.unifi.it/upload/sub/pubblicazioni/repec/pdf/wp15_2009.pdf.

(industrial clustering), 긴밀한 지역적 네트워크뿐만 아니라 지역적 혁신과 학습 등의 개념들을 통해 구별되어 진다(Wei, 2009). 그리고 이들 지역에서의 기술혁신이 기업가나 발명가 등의 개별적인 행위주체가 아니라 '혁신군집'이나 '기술체계' 등 보다 광범위한 지역혁신체계에서 이루어지고 있다고 하였다. 그러나 최근 이 신산업지구론이나 지역혁신체계론은 정보화와 디지털화로 가속된 세계화의 현상 속에서 이 세계화의 효과나 다국적 기업의 역할을 고려하지 않았다. 또한 지역적 제도와 혁신체계 및 네트워크에 지나치게 초점을 맞추어 내생적 성장요인을 강조한다는 점에서 비판이 제기되었다. 특히 글로벌 생산네트워크(Global Production Network)의 시각에서 아시아 신흥 산업국의 발전 현상을 다루는 Coe와 Yeung(2015)은 다국적 기업의 글로벌 경영활동에 의해 형성된 글로벌 생산네트워크의 성격과 지역적 분화, 그리고 지역적 반응으로 나타나는 상호 역동성이 간과되었다고 하였다.[26)] 그리고 이 GPN의 접근틀은 Gereffi(1999)가 제시한 글로벌 상품사슬(Global Commodity Chain) 혹은 글로벌 가치사슬(Global Value Chain)의 개념을 많은 부분 공유하면서 이에 대한 국제 정치경제적 해석으로 출발하고 있다.

---

26) 다음을 참조 Neil Coe and Henry Yeung(2015), *Global Production Networks: Theorizing Economic Development in an Interconnected World,* Oxford University Press.

<그림 2-1> 글로벌 상품 가치사슬(Global Commodity Chain)

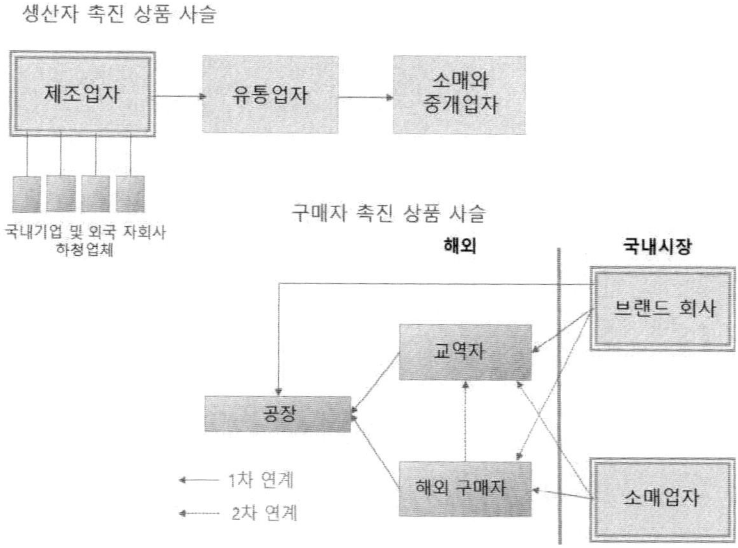

자료: Gereffi(1999), p.42.

Gereffi는 〈그림 2-1〉과 같이 글로벌 상품사슬(GCC)이라는 접근틀을 제시하며 상품사슬의 종류를 생산자 촉진 상품사슬과 구매자 촉진 상품사슬로 구분하였다. 생산자 촉진 상품사슬은 항공, 자동차, 컴퓨터, 반도체, 의약, 기계설비와 같은 자본 및 기술집약적 산업에서 나타나는데, 이들 산업에서는 대체로 거대 다국적 기업이 통제하는 글로벌 생산구조를 구축하고 있다. 이들 다국적 기업은 규모의 경제를 위해 수직적 분업체계를 형성하고, 기술우위를 통해 시장수요를 확대한다는 것이다. 그리고 구매자 촉진 상품사슬은 의류, 신발, 완구와 같은 노동집약적 산업에서 거대 소매상이나 유통업체들이 브랜드우위를 통해 해외 구매와 OEM 등 방식으로 생산을 조직하여 광범위한 시장수요를 형성한다는 것이다.

이러한 구분은 〈그림 2-2〉와 같이 글로벌 가치사슬(GVC) 개념으로 진전되었다. 바로 Coe와 Yeung의 글로벌 생산네트워크(GPN)는 이 가치사슬개념을 기반으로 지역공간의 제도적 환경 및 사회적 네트워크, '기업의 대내외 활동의 역동성에 의해 형성되는 통제(governance)'라는 개념을 결합하여 글로벌 생산네트워크가 어떻게 조직되고, 지역 산업과 상호작용을 하는지 설명하고 있다(Coe and Yeung, 2015).

<그림 2-2> 글로벌 가치사슬 중 산업 클러스터의 업그레이드

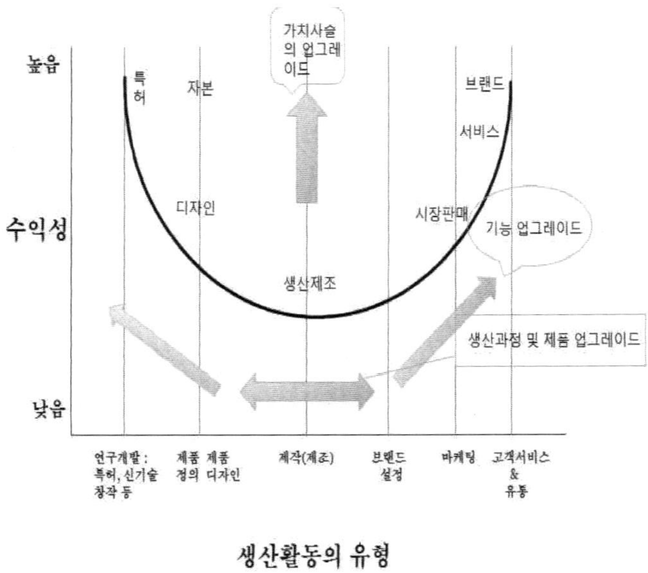

- 생산과정 업그레이드: 생산과정의 효율성 개선 → 생산비용 및 운송비용의 절감, 규모의 경제 실현, 생산과정의 새로운 조직방식 도입 → 클러스터의 업그레이드와 발전 실현
- 제품 업그레이드: 신제품 개발과 도입으로 기존 제품의 효율성 개선 → 신제품의 연구개발 및 기존 제품의 개선, 경쟁자보다 제품 향상 속도와 효율성 개선, 신제품 및 브랜드와 시장 점유율 개선 → 해외 시장 개척 능력 개선

- 기능 업그레이드: 글로벌 가치사슬 중에 포지셔닝 효과 개선 → 제품의 업그레이드 후 점차 가치사슬 중 고수익율의 포지셔닝으로 위치를 재정립, 비 핵심 사업은 이전 및 '포지셔닝 재정립 전략(전략적 중첩)'을 통해 가치사슬을 지배
- 가치사슬 업그레이드: 부가가치가 높은 새로운 가치사슬로 이전 → 기존 가치사슬에서 부가가치가 높은 연관 가치사슬로 확장, 혹은 새로운 가치사슬로 이전하여 기업과 지역 산업클러스터의 업그레이드 및 전체 경쟁력 개선

자료: 張輝(2004), "GVC理論与我國産業發展研究," 「中國工業經濟」, 5, pp.38-46.

그러나 글로벌 생산네트워크의 시각은 대체로 시간이 되풀이 되면서 나타나는 지역 산업의 역사적 진화, 지역 자산과 생산네트워크의 변화에 대한 문제를 간과하거나 다국적 기업과 협상을 할 수 있다는 지역적 역량을 지나치게 강조하고 있다(MacKinnon, 2012). 지역이 저부가가치 생산 산업에 지나치게 의존적일 경우 강력한 다국적 기업에 통제되는 외부 네트워크에 의해 지역산업의 발전이 정체될 수 있다. 또 다국적 기업이 지역산업의 업그레이드에 관련된 산업의 질적 향을 위한 주요 제품투자 활동이나 지역적 침투성이 나타나기 쉽지 않다. 특히 기업의 혁신적 활동의 역동성은 산업구조(Brenner and Fornahl, 2008), 그리고 제도(Casper, 2007)와 문화(Saxenian, 1994)에 의해 영향을 받는 사례가 많다는 점이다. 따라서 본 연구에서는 동관시 사례를 설명하기 위해 글로벌 생산네트워크에서 정의 하고 있는 '글로벌하게 조직된 집합체(nexus)' 라는 관점과 지역-산업-공간의 공진화 과정에서 나타는 '제도적 역량(institutional thickness)' 이라는 관점을 같이 연결하여 이론적으로 접근하고자 한다.

2. 동관지역 사례

광동성의 직할시로서 동관은 지리적으로 광동성의 중남부, 주강삼각주의 동북부 해안에 위치해 있어 서북쪽으로는 광주(廣州)와 50㎞ 거리, 남동쪽으로는 심천(深圳)과 90㎞ 거리, 그리고 심천 밑에 홍콩과는 131㎞ 거리를 두고 있다. 또한 동관은 화교의 고향으로서 동관을 적(籍)으로 두고 있는 홍콩 및 마카오와 해외 화교가 약 100만 명 정도에 이르고 있다(青岛新闻网, 2014年 2月 19日). 그리고 동관은 중국 전체 도시에서 현(縣)이 설치되어 있지 않은 네 개의 지급시(地級市) 중 하나이지만, 광주와 심천 사이에 위치한 동관은 일찍이 광동성 교통의 허브로서 그리고 외국 무역항구로서의 역할을 해 왔다(〈그림 2-3〉 참조). 이러한 지리적 입지 때문에 개혁개방 초기부터 주강삼각주에서 해외 기업이 가장 선호하는 지역이 되었으며, 이를 배경으로 동관은 곧 '세계의 공장(Made In China)'으로 발전하였다.[27]

다시 말해, 동관은 1978년부터 시작된 중국의 개혁개방정책과 동관이 가지고 있는 지리적 장점과 맞물려 점차 심천과 더불어 홍콩의 배후 공장지대 역할을 하게 되었다. 1970년대 말 당시 홍콩 제조업 산업이 임금과 토지 가격상승으로 압박을 받는 상황에서 중국의 개혁개방정책을 계기로 심천을 비롯하여 광동성에 경제특구가 설립되고, 이 과정에서 홍콩 화교자본의 진출이 이루어졌다. 당시 동관시는 심천의 경제개발특구에 포함되지는 않았으나, 심천

---

27) 1985년에 동관은 국무원으로부터 주강삼각주 경제개발구로 승인받았는데, 이때 동관현(东莞县)에서 현급(县级) 동관시로 설립되었고, 다시 1988년에 지급시(地级市)로 승격되었다. 2012년 현재 동관시의 호적인구는 188.93만 명이고, 2012년 말 동관시 상주인구는 831.66만 명이었다. 참조 百科, http://baike.baidu.com/link?url=gknr.bf_meDGLcJMrS94FUJs9wdkdSNU-NAxgxvjxJpRnftLAdeqcRdP0vocdSuaI0B6koxrtcJMSMJpmrhJBjR2w7gpFP0bK0Bvywa1XD4i.

의 발전과 함께 배후 도시로서 개혁개방정책의 수혜를 받게 된 것이다(Saich and Hu 212, 16-17). 그리고 홍콩의 진출은 보상·가공무역 형태의 '삼래일보(三來一補)'정책[28)]의 일환으로 이루어지는 가운데 1908년대 동관에 신발과 완구와 같은 전통 제조업 산업을 중심으로 한 수출가공업이 발전하였다. 또한 1990년대부터는 대만 IT산업이 성숙단계로 성장하고 글로벌 시장의 경쟁이 심화됨에 따라 투자환경이 좋은 동관에 대만 IT기업의 진출 및 대규모 투자가 이루어졌다.

<그림 2-3> 중국 광동성 동관시 지도

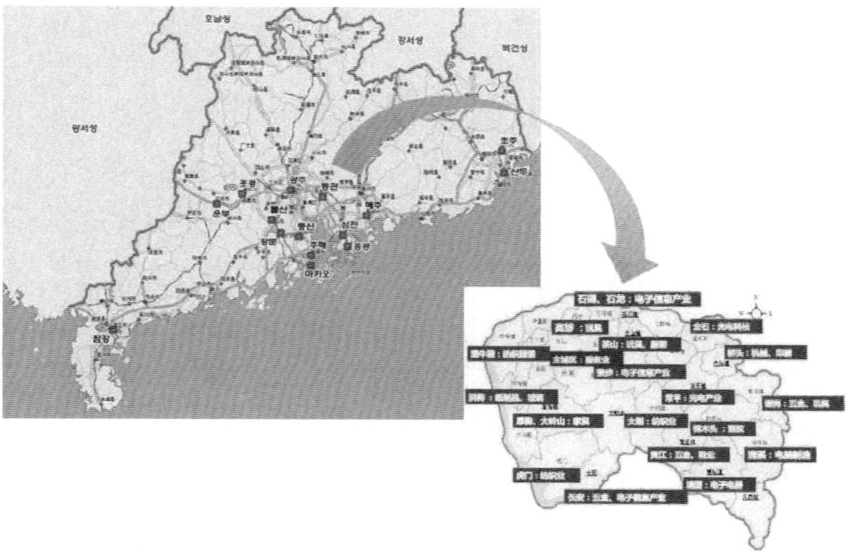

자료: 동관지도, http://blog.naver.com/cjstkemfahdl/70172726873.

28) '삼래일보(三来一补)'는 위탁가공(来料加工), 수탁가공(来样加工), 위탁조립(来件装配)과 보상무역(补偿贸易)을 가리키는 것으로 중국의 개혁개방 초기 시범적으로 만들어진 일종의 기업무역 형식이었다. 참조 http://baike.baidu.com/link?url=TEkwCOUs5zb9gQpEsy7P2ATSxHI2j8ofkPtuwLlJnrO-5tCH8S0hVvI0epeMH5yqEEBEyGyh-MUB3PG3ujbRpq.

1980년대와 1990년대 홍콩의 대만의 투자는 다른 한편으로는 지연 및 혈연 중심의 인맥을 나타나는 소위 '꽌시(关系)'에 기초한 동관 지역사회와의 정치경제적 연합이라는 상징적 의미도 가지고 있다(Yang, 2007). 이러한 상황 가운데 1990년대 중·후반기에는 PC조립에 필요한 부품 95% 이상을 등관에서 공급하였다. 따라서 동관지역은 홍콩과의 비즈니스 연계뿐만 아니라 대만 기업의 진출 및 투자에 힘입어 동관의 IT·전자산업이 점차 성장하였다. 또한 특정 지역을 중심으로는 집중적으로 방직의류, 완구 및 가구뿐만 아니라 IT·전자 산업클러스터가 발전하였다. 즉 동관지역은 중국의 동부 연해지역에 위치한 다른 도시와 마찬가지로 향진(鄉鎭)이라는 행정단위의 경계선을 따라 특정 산업군이 발전하는 특징을 갖게 된 것이다.

즉 동관시는 행정구획 상으로 향급(乡级) 행정구에 속하는 네 개의 가도(街道: 관성가도(莞城街道), 남성가도(南城街道), 동성가도(东城街道), 만강가도(万江街道))를 포함하여 32개의 진(鎭)으로 구성되어 있다.[29] 이 32개의 진을 〈표 2-1〉과 같이 동관시 지역별로 중심구역, 동북구역, 동남구역, 서북구역, 서남구역 등 6개의 구역으로 새롭게 나누어 구분해 볼 수 있다. 그런데 동관의 현대 8대 지주 산업으로는 전자정보, 전기기계, 방직의류, 가구, 완구, 제지 및 제지품, 식품음료, 화공산업 등으로 발전해 왔는데, 이들 산업들 역시 대체로 행정구획 상 진(鎭)에 해당하는 특정 지역에

---

29) 즉 28개 진(鎭)은 석룡진(石龙镇), 석배진(石排镇), 다산진(茶山镇), 기석진(企石镇), 교두진(桥头镇), 동갱진(东坑镇), 횡력진(横沥镇), 상평진(常平镇), 호문진(虎门镇), 장안진(长安镇), 사전진(沙田镇), 후가진(厚街镇), 요부진(寮步镇), 대령산진(大岭山镇), 대랑진(大朗镇), 황강진(黄江镇), 장목두진(樟木头镇), 사강진(谢岗镇), 당하진(塘厦镇), 청계진(清溪镇), 봉강진(凤岗镇), 마용진(麻涌镇), 중당진(中堂镇), 고보진(高埗镇), 석갈진(石碣镇), 망우돈진(望牛墩镇), 홍매진(洪梅镇), 도공진(道滘镇)이다.

산업클러스터의 형태로 나타나고 있음을 볼 수 있다. 그리고 8대 기업에 종사하는 기업수가 지역 산업 중심으로 2,400㎢의 토지에 현재 14만 개의 기업들로 성장해 있다.

<표 2-1> 동관시 6개 구역별 32개 진(鎭)의 분포현황

6개 구역	중심 지역	진의 분포 및 발전 산업
중심구역	관성가도(莞城区)	관성가도(莞城街道)·남성가도(南城街道)·동성가도(东城街道): **서비스업**, 다산진(茶山镇): **완구·의류**, 요부진(寮步镇): **전자정보산업**, 대령산진(大岭山镇): **가구**, 대랑진(大朗镇): **방직업**, 송산호 생태원(松山湖 生态园) : **첨단과학기술산업단지**
동북구역	상평진(常平镇)	상평진(常平镇): **광전산업**, 횡력진(横沥镇), 동갱진(东坑镇), 석배진(石排镇), 기석진(企石镇): **광전과기**, 교두진(桥头镇): **기계·인쇄**, 사강진 은병신구(谢岗镇 银瓶新区): **야금·완구**
동남구역	당하진(塘厦镇)	당하진(塘厦镇): **전자전기**, 장목두진(樟木头镇): **플라스틱**, 청계진(清溪镇): **컴퓨터제조**, 황강진(黄江镇): **야금·신발업**, 봉강진(凤岗镇)
서북구역	만강구(万江区)	만강구(万江,区), 고보진(高埗镇): **완구**, 석갈진(石碣镇)·석룡진(石龙镇): **전자정보산업**, 마용진(麻涌镇), 중당진(中堂镇), 망우돈진(望牛墩镇): **방직의류**, 홍매진(洪梅镇): **제지품·유리**, 도공진(道滘镇)
서남구역	호문진(虎门镇)	호문진(虎门镇): **방직업**, 하가진(厚街镇): **가구**, 장안진 동관장안신구(长安镇 东莞长安新区): **야금·전자정보산업**, 사전진 호문항(沙田镇 虎门港)

자료:百科,http://baike.baidu.com/link?url=gknnbf_meDGLcJMrS94FUJs9wdkdSNU-NAxgxvjxJpRnftLAdeqcRdP0vocdSuaI0B6koxrtcJMSMJpmrhJBjR2w7gpFP0bK0Bvywa1XD4i.

사실, 중국의 지역산업 클러스터의 형성은 동관시 사례를 포함하여 해외 기업의 접근성이 용이한 동부 연해지역을 따라 1980년대부터 맹아기가 시작되었다. 그리고 1990년대에는 본격적으로 지역적 특색을 띤 산업발전과정을 거치면서 지역산업 클러스터가 신산업지구와 같은 기본적인 형태를 갖추고 출현한 것이다. 예를 들어 북경시(北京)의 중관촌 첨단과학기술산업클러스터(벤처 창업형 유형), 절강성 온주시(溫州)의 내수 지향적 전통산업 클러스터(지역문화 중심형 유형), 그리고 강소성 소주시(蘇州)와 광동성 동관시(東莞)는 수출 지향적 전통 및 IT부품 산업클러스터(해외직접투자 중심의 수직 분업적 유형)의 형성 등은 중국 각각의 지역을 대표하는 상징적인 산업클러스터들이다.

그 중 동관시의 사례는 Scott(1998)이 분석한 바와 같이, 불확실한 시장경쟁 속에서 대기업, 중소기업 간에 네트워크 형식으로의 긴밀한 연계는 수직적으로 통합된 거대 기업보다 거래비용을 줄일 수 있는 조직적 구조를 갖추고 있는 것인지, 또한 글로벌 가치사슬(GVC) 혹은 글로벌 생산네트워크(GPN) 시각에서처럼 더 많은 가치를 창출할 수 있는 생산 활동의 유형으로 업그레이드 될 수 있는지 살펴 볼 필요가 있다. 즉 동관시의 사례는 특히 클러스터의 외부경제성 효과, 핵심 요소자원의 투입 및 학습능력, 그리고 기업의 혁신역량 차원에서 기업과 산업의 경쟁력이나 투자역량의 개선에 있어 정상적인 규범에서 벗어나는 문제점도 보이고 있었기 때문에 이에 대한 사례분석이 필요한 시점이다.

제3절 동관 IT · 전자산업클러스터의 사례 분석

1. 동관의 발전 방식: 사회경제적 성격

주지하다시피, 1978년 개혁개방이전 동관은 관성(莞城), 호문(虎门), 석룡(石龙)과 같은 세 개의 진(鎭)만이 공업을 기초로 발전한 큰 진이었고, 나머지는 사회경제의 주된 기초가 농업에 의존하는 진들로 구성된 일개 현(懸)에 불과하였다(朱仁宏, 王永丽, 何熟珍, 2010). 그러나 개혁개방 후 7, 8년이 지난 후에 당시 동관은 1980년대 해외직접투자 유치에 힘입어 남해(南海), 순덕(順德), 더불어 주강 삼각주 유역의 경제발전을 주도하는 중소 도시로서 광동의 '네 마리 작은 호랑이' 로 불렸다. 동관이 이렇게 해외직접투자의 유치로 빠른 기간 내에 경제발전을 주도하는 위치에 서게 된 것은 해외 자본을 이용하여 지역 제조업을 발전시키고자 하는 정책뿐만 아니라 외국 자본이 전체 동관시의 산업 및 가치사슬의 형성에 주도적 역할을 하게 했던 소위 '동관식 발전방식(东莞模式)'에서 비롯되었다.

<그림 2-4> 2007-2013년 동관시 총생산액과 성장률

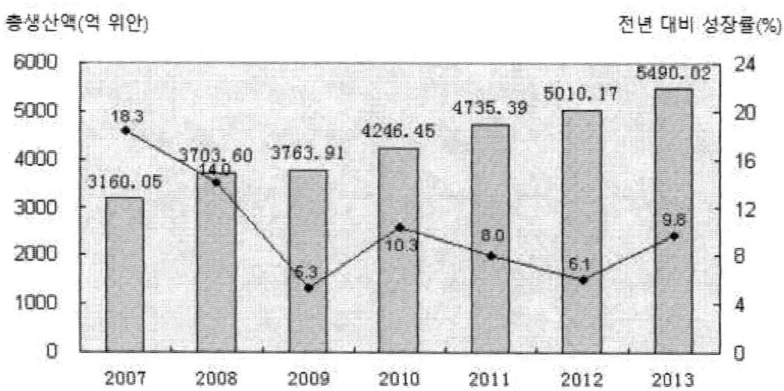

자료: 東莞市情報信息网, http://tjj.dg.gov.cn/website/flaArticle/art_show.html?code=nj2014&fcount=2.

먼저 동관지역의 발전방식은 중국 국무원이 1978년 7월에 '대외가공조립과 중소형 보상무역 추진에 관한 조치'를 공포함에 따라 시작되었다. 동관은 바로 그 해 8월 말에 홍콩 자본을 유치하여 동관의 첫 위탁가공 기업인 '태평 핸드백 공장(太平手袋厂)'를 호문진(虎门镇)에 설립하였다(人民网, 2014年 6月 18日). 그리고 이와 동시에 동관은 해외 다국적 기업에게는 염가의 노동력과 토지자원을 제공하는 한편, 다국적 기업으로부터는 상대적으로 자본, 산업, 기술 및 관리기법을 도입하여 경제의 국제화 수준을 개선하는 등 동관시의 사회경제적 발전을 추진하였다(〈표 2-2〉 참조).

자연스럽게 동관시의 경제와 산업의 성장은 외국 자본기업과 해외 수출을 위한 생산과 무역활동에 크게 의존하였다. 또한 동관시의 핵심 산업인 제조업 역시 가공무역 중심으로 외국 기업과 계약을 맺어 동관지역 공장은 생산과정에서 가공 및 조립만 하는 OEM형식의 국제 위탁가공 생산의 기능을 주로 담당하였다. 반면 외국 기업은 '삼자기업(三資企業)'[30] 형태로 동관에 투자하여 산업의 가치사슬 중에서 제품의 설계 및 테스트, 재료의 구매, 생산과정 중의 핵심기술 및 생산설비의 제공, 제품의 유통 및 판매를 담당하였다.

다음으로 동관의 사회경제적 및 산업의 발전은 대만 기업의 대거 유입과 지리적 집중(geographical agglomerations)이 또 하나의 큰 요인으로 작용하였다. 대만 기업의 중국 전체 투자 중에 약 35% 이상이 광동성에 이루어졌고, 그 중 동관지역에는 17.5% 이상이 이루어졌다(兰海 2012, 45). 컴퓨터의 전원 스위치, 키보드,

30) 중국 경내에 설립된 중외합자경영기업, 중외합작경영기업, 외국 단독투자경영기업 세 종류의 외국투자기업을 가리키는 것으로 하나 혹은 하나 이상의 국외 투자자와 중국 투자자가 공동 경영하거나 혹은 단독 경영하고 독립채산제를 실시하는 경제실체를 말하며, 외국 기업과 동등한 자격을 갖는다. 참조 百科, http://baike.baidu.com/link?url=nHKEIl13dL1EaQphBHdLhcgbP39ACfn96WfdQCqbW0jJqqpaxZLaDCpfNqkB8UfjJvIaQOecJXe_mAfHuSLwZK.

마더 보드와 같은 3단계 부품 공급자(third-tier supplier)로서 대만 기업의 투자는 홍콩의 진출과 마찬가지로 지리적 입지와 생산비용의 문제로 시작된 것이다. 그러나 또 다른 한편으로는 외국 기업의 '동관(생산)→홍콩(유통 및 재운송)→세계(시장)'이라는 진출 전략을 고려하여 대만 IT · 전자 기업이 동관에의 투자가 이루어졌다.

<표 2-2> 동관 산업구조 현황 분포 통계(2014년)

산업	산업경쟁력	지역 브랜드 기업
전자정보 제조업	4,200개 기업, 산업 총생산액: 약 2,227억 위안(元)	步步高, 志成冠军, 方正科技, 中亚电缆
전력기계 및 설비 제조업	3,800개 기업, 산업 총생산액: 약 1,450억 위안(元)	领亚电子, 南兴木工, 金河田, 东阳光电 등
방직·의류·신발·모자 제조업	3,500개 기업, 산업 총생산액: 약 815억 위안(元)	以纯, 远梦家用纺织品, 搜于特 등
식품음료 가공제조업	2,000개 기업, 산업 총생산액: 약 469억 위안(元)	金娃食品, 广益食品添加剂, 太粮米业, 圣心食品 등
제지 및 제지품 제조업	2,437개 기업, 산업 총생산액: 약 454억 위안(元)	百顺纸品, 宝建纸业等
완구 및 문구용품 제조업	4,000개 기업, 산업 총생산액: 약 179억 위안(元)	智高文具, 宝玛仕体育用品 등
가구 제조업	2,200개 기업, 산업 총생산액: 약 210억 위안(元)	华辉家具, 森盛家具, 家居乐家具, 兆生家具 등
화공 제조업	5,000개 기업, 산업 총생산액: 약 292억 위안(元)	广通化工, 盛和化工, 柏百顺石油化工 등

자료: 2014년 동관 산업구조 현황(2014年東莞産業現狀), http://wenku.baidu.com/link?url=0K53rKYoc5c_XERuZqLuE9Xtr9QGhJ0n1GbsGEEHAl1H1nYumciym89XbJxkh63BYjFBJGLRgxjmAdCciY9AU9R4z3aybkJ3bTBeF-B0bAK

이러한 대만 기업의 진출은 동관으로 하여금 전통 제조업 산업에서 IT · 전자산업으로의 전환을 가능하게 했다. 특히 1997년 아시아 금융위기 이후로는 동관지역 역시 수많은 전통 제조업기업이 파산하는 과정을 거치면서 동관의 전통 제조업 산업이 IT · 전자 제조업 산업으로의 전환이 이루어졌는데, 이 역시 대만 IT · 전자 기업과의 긴밀한 관계를 형성하게 하는 요인이었다. 따라서 대만 IT기업은 동관지역 투자로 인해 원료 공급자(upstream)와 비즈니스 고객(downstream)을 확보하는 장점을 누리게 되었다. 예를 들어, 1996년부터 2000년까지 당시 대만의 컴퓨터 부품과 전자부품 공장이 대거 동관으로 이전하였는데, 이 시기부터 대만 기업이 동관 제조업 생산 네트워크의 중요 파트너가 되었다.

실제로 2014년 현재 동관의 외자이용액은 45억 달러이고, 외자 기업수는 8,904개로 중국 국내기업(89,523개)의 10분의 1에 약간 못 미치고 있다. 이중 홍콩 · 마카오 · 대만 투자 기업수는 6,369개로 동관시 전체 기업수의 6.47%에 해당한다. 홍콩 · 마카오 · 대만 투자 기업을 제외한 기타 외자 기업수는 2,535개로 동관시 전체의 2.58%를 차지하며, 이 둘을 합하면 동관시 전체 기업의 9.05%에 해당하는 수치이다(羊城晚报, 2015年 3月 27日).

또한 2014년 동관시의 총생산액(GDP)은 약 5,881억 위안으로 전년 대비 성장률은 7.8%였다. 산업구조는 1차 산업이 0.3%, 2차 산업이 45.9%, 3차 산업이 53.8%의 비중으로 형성되어 있고, 수출입총액은 1,625억 달러 전년 대비 6.2% 성장하였다. 특히 선진 제조업과 고기술 제조업의 빠른 발전을 보이고 있어 규모 이상의 비중을 차지하는 공업 부가가치 비중은 각각 47%와 36.8%를 차지하였다. 그리고 신흥 산업의 발전과 더불어 전자상거래 규모는

2,900억 위안으로 전년 대비 26%의 증가폭을 보였으며, 스마트폰의 출하량은 2억 3천개에 이르고 있다(〈표 2-3〉 참조).

<표 2-3> 2014년 동관시의 주요 경제지표

유 형	지 표	단 위	2013년	2014년	
				달성액	증가율(%)
경 제 발전	총생산액	억 위안	5,490	5,881	7.8
	1인당 총생산액	위안	66,109	70,604	7.4
	규모 이상 공업부가가치	억 위안	2,426	2,594	8.8
	서비스업 증가액	억 위안	2,951	3,162	6.3
산 업 수요	고정자산 투자총액	억 위안	1,384	1,427	10
	공업 고정자산투자	억 위안	391	397	1.5
	공업기술 개선투자	억 위안	97	125	28.6
	사회소비품 소매판매총액	억 위안	1,487	1,615	8.7
	수출입총액	억 달러	1,531	1,625	6.2
	실제 외자이용액	억 달러	39	45	15
	내자유치 실제 투자금액	억 위안		392	31
구 조 조정 효과	규모이상 공업 노동생산율	억 위안/1명	91,121		10.0
	선진 제조업 부가가치가 규모 이상 공업부가가치 점유 비중	%	46.2	47.0	
	고기술 제조업 부가가치가 규모 이상 공업부가가치 점유 비중	%	35.6	36.8	
	현대 서비스업 부가가치가 서비스업 부가가치 점유 비중	%	58.2	58.4	
	금융업 부가가치가 총생산액 점유 비중	%	4.4	4.5	
	시 일반 공공예산수입	억 위안	409	455	11.2
과 학 기술 혁신	연구개발 투입지출이 총생산액 점유 비중	%	2.0	2.1	
	특허발명권 건수	건	1,495	1,611	7.8

자료: 東莞市發展和改革局, 「東莞市2014年國民經濟和社會發展計划執行情況与2015年計划草案的報告」, http://dgdp.dg.gov.cn/business/htmlfiles/dgfg/pjhbg/201507/932358.htm.

그러나 동관은 전체적으로 외자기업을 이용한 수출 주도적 경제가 전체 시 총생산액의 약 80%, 수출입총액의 90% 이상을 차지하고 있다. 즉 동관에는 세계 500대 기업 중에서 33개 기업이 동관에 투자하여 43개 기업을 설립하였으며, 이들 기업은 미국의 월마트, GE, Dupont, 일본의 스미토모(住友), 산요전기(三洋), NEC, 교세라(京瓷), 신일본제철사(新日铁), 스위스의 네슬레, 네덜란드의 필립스, 한국의 삼성 등이었다.[31] 따라서 동관은 외자기업을 중심으로 가공제조업이 발전해 왔고, 이들 기업에 대한 대외의존도가 높은 사회경제적 조건을 지니고 있다.

2. IT · 전자 산업클러스터의 성장요인과 경쟁력

동관에서 IT · 전자 산업클러스터가 주로 발전된 지역은 석갈진(石碣镇), 석룡진(石龙镇), 청계진(清溪鎭) 등이다. 이러한 대표적인 진에서의 산업클러스터 자체가 해외 산업이전과 해외 투자를 통해 형성된 것으로 제품의 핵심 기술은 다국적 기업이 장악하고, 동관의 이들 산업지구는 지역적 생산자의 역할로 다국적 기업의 통제 아래 생산서비스를 제공하는 형태로 시작하였다. 애초부터 핵심기술 제품에 대한 수요는 해외에서 들여와 충족시킬 수 있을 뿐 동관지역 경내에 설립된 R&D 센터는 거의 없는 상황이었다. 홍콩이나 대만의 다국적 기업이 대부분 규모 역시 작았고, 기업의 기술이전도 중 · 저급 기술 위주여서 동관 지역기업의 자체적인 연구개발 능력이나 핵심 경쟁력이 없었다(范达强 · 徐枫, 2009). 그

31) 다음 동관시 외자기업협회(东莞市外资企业协会) 회원명단을 참조, http://www.dgaefi.org/hyml.asp.

렇기 때문에 동관은 단지 IT · 전자산업과 관련된 글로벌 생산네트워크에서 국제적인 제조업 기지로서의 역할을 담당해 왔다(兰海, 2012).

다시 말해, 동관에서의 외국기업은 일반적으로 해외 판매 방식을 통한 발전을 주로 모색했기 때문에 설계, 연구개발 등 핵심 기술부문에 모두 모회사에 두거나, 혹은 기술혁신을 위한 연구개발 자원을 투입하지 않았다. 또한 외국기업과 지역기업 간의 상호 관계는 제품 사슬 중에서 지역 기업이 아주 간단한 노동 분업에 참여해 와서 상당 시간 동안 동관은 '조립공'의 면모를 크게 벗어나지 못하는 상태가 되었다. 설령 외국기업과의 관계로 성장한 지역의 민간 기업이 기술개발에 투자할 수 있는 역량이 생겼더라도 이들의 민간 투자는 부동산, 호텔, 물류 등의 3차 산업에 주로 이루어졌다(青岛新闻网, 2014年 2月 19日). 이렇듯 대만 기업의 주된 투자로 촉진된 동관지역의 IT · 전자 산업클러스터는 그 성장과정이나 계약 제조업체인 대만 기업이 가지고 있는 글로벌 가치사슬 혹은 생산네트워크에서의 차지하는 위치로 말미암아 동관의 이러한 면모를 더 강화하는 계기가 되었다.

그러나 동관지역의 IT · 전자 산업클러스터는 다음과 같은 점에서 지역산업을 성장시킨 명확한 요인도 갖고 있었다. 첫째, 해외직접투자 및 국제 위탁가공 생산방식을 통한 글로벌 생산네트워크의 지역적 분화와 지역적 상호작용의 확연한 과정을 보이며 국제 제조업 기지로 성장했다. 둘째, IT · 전자산업이 동관의 핵심 지주산업으로 자리매김하면서 공급가치사슬 중에 저부가가치 위주의 생산유형 활동의 형태로 출발하였으나, 상호 집적 및 분업을 매개로 하여 공통 주문수주 및 생산 활동을 펼쳐 왔다(朱莹, 2007). 셋째, 다국적 기업의 지역투자로 인해 이들 기업과의 수직적 분업체계[32]를 구축했을 뿐만 아니라, 동시에 대기업과 또 중소기업들 간의 공급가치사슬 관계에 의한 지역 산업클러스터체계가 구성되어 이런 체계를 통해 빠른 지역 경제성장에 기여하였다는 점이다.

즉 대만의 전자산업 기업은 일반적으로 글로벌 대기업의 하청기업으로 활동하는 특징을 띠고 있을 뿐만 아니라 모국에서 해왔던 대로 '지리적 집적에 기초한 제조생산체계(cluster-based manufacturing system)'를 갖추곤 했다. 그 결과 대만의 3차 부품업체의 동관지역으로의 진출은 레지스터와 코일합성회로(inductor)와 같은 4차 부품 공급자의 진출로 이어졌다(Yang, 2007). 이러한 과정 속에서 대만 기업의 진출 역시 동관지역으로 하여금 세계의 PC 및 주변기기의 주요 생산기지로 발전시켰고, 동관의 IT · 전자산업은 곧 세계 시장에서 IT 관련 제품 생산의 20%에서 40%의 비중을 차지하기에 이르렀던 것이다(人民网, 2014年 6月 18日).

32) Dunning(1998)은 다국적 기업이 지역화된 지원시설, 서비스 센터, 분배 네트워크, 수요 파트너, 특화된 투입자원에 대한 활용 때문에 다른 기업과 함께 특정에 집중하는 경향을 띠는데, 이러한 현상을 발생하는 것을 들어 'FDI 집적 (FDI clustering)' 이라 하였다. 다음을 참조 Dunning JH(1998), "Location and the multinational enterprise: a neglected factor?," *Journal of International Business Study*, 29(1), pp.45-66.

<그림 2-5> 동관 IT·전자 산업클러스터 네트워크체계

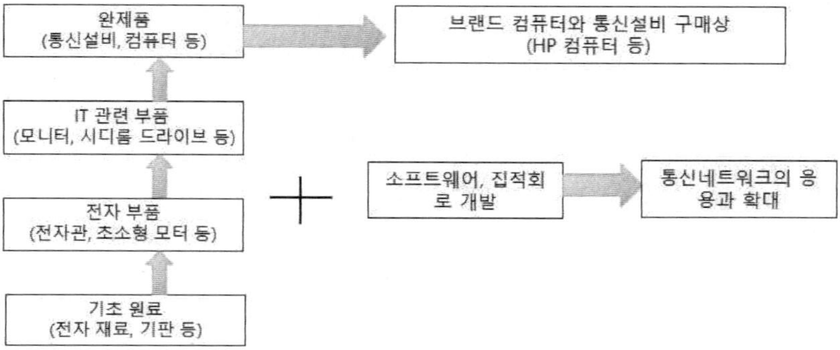

예를 들어, 석갈진(石碣镇)의 경우 1989년 대만의 기업(致伸科技)이 석갈진에 최초로 투자하여 동취전자(东聚电子)를 설립하면서 전자정보산업이 핵심 비중을 차지하게 되는 계기가 되고, 이로 인한 외부 집적효과가 나타나게 되었다. 즉 이 동취전자의 설립을 계기로 일본, 미국, 한국, 홍콩 등의 대기업이 진출하여 협력업체를 포함한 전자정보산업의 상 · 하류 기업 생산네트워크가 구축된 IT · 전자 산업클러스터 체계가 형성된 것이다. 최근에는 제품의 연구개발 센터를 석갈진에 이전하면서 제품 및 생산과정 업그레이드 차원에서 산업구조의 개선이 진행되기 시작하였다(南方日报, 2014年 10月 21日). 따라서 동관의 IT · 전자 산업클러스터는 〈그림 2-5〉와 같이 내 · 외부 기술유입 통로, 제품의 외부판매 경로와 비용절감을 위한 생산과정 및 제품개발을 중심으로 기업 간 분업 및 협력 위주의 산업조직방식을 갖추고 있다.

그러나 〈그림 2-5〉를 〈그림 2-6〉과 비교하여 보았을 경우 동관의 IT · 전자 산업클러스터 사례에서 나타나는 핵심 역량은 생산네트워크를 통제하는 기업들과 명확한 차이가 있음을 보여준다.

〈그림 2-6〉은 글로벌 생산네트워크에서 세계적인 기업이 새로운 가치를 창출하기 위해 진행하고 있는 모듈화 혁명이 어떻게 진행되고 있는지를 보여주고 있다. 중국 기업들도 가치를 상승시키기 위해 생산과정의 효율성을 찾고 부가가치의 제품을 보편화시켰지만, 소비자 느끼는 브랜드의 이미지 가치는 오히려 감소시키고 있다. 이에 비해 대만 계약 제조업체는 자신들이 참여하고 있는 가치사슬의 특정 영역에서 제품의 업그레이드할 뿐만 아니라 세계시장에서 자신 만의 틈새시장을 점유하는 핵심 역량을 키웠다(steinfeld, 2010). 반면 동관의 기업들은 가치사슬에서 자신의 위치를 이전시키기 위해 기술개발을 추구할 경우 다국적 기업에 의존하는 추종전략 외에 선택할 수 있는 폭이 좁아서 선도기업과의 협상의 여지도 그리 많지 않다는 것을 알 수 있다.

<그림 2-6> 모듈화 혁명: 예기치 않은 곳에서 가치를 생성

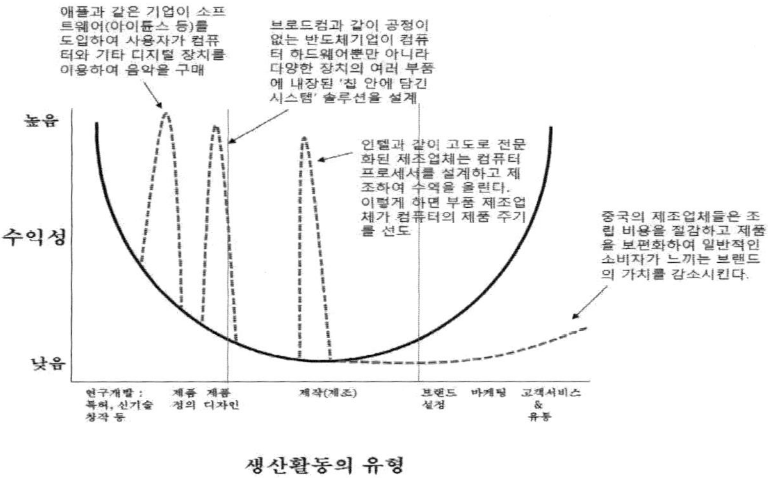

자료: 스타인펠드(2010), p.202.

전체적으로 동관의 지역기업과 산업의 경쟁력 측면에서 살펴볼 때, 첫째 기술의 공급원이나 시장 및 판매 네트워크가 모두 외부에서 유래하기 때문에 동관 IT · 전자 산업클러스터는 전형적으로 '투자자 지배형 산업클러스터'의 유형을 보여주고 있다. 둘째, 동관의 IT · 전자 산업클러스터는 글로벌 생산네트워크에서 국제제조업 기지로 성장하였지만, 오히려 장기간 이러한 역할 때문에 지역적 연관 산업 및 지원 산업이 아직 부족할 뿐만 아니라 외자기업과 지역경제와의 긴밀한 관계가 형성되기 어려운 원인이 되고 있다. 셋째, 동관지역은 그 역할에 맞는 기술이나 인재를 육성해줄 적절한 수준의 대학이나 연구기관이 부족하기 때문에 인력자원 역시 외부에 의존하게 되어 동관 지역경제의 취약성을 드러내고 있다.

결국, 동관의 IT · 전자 산업클러스터는 외부경제성 효과 차원에서 규모의 경제로 인한 비용절감에 있으나, 기술 및 인력자원과 같은 요소자원 투입 측면에서는 성장의 한계를 보이고 있다. 또한 기업 간의 학습은 주로 수직적 분업체계에 의한 지식교류에 의존하고 있기 때문에 제품의 개발이나 생산과정 상에 있어 추구해 왔던 추종전략은 기업의 학습 및 혁신역량 차원에서의 취약성을 쉽게 벗어나지 못하게 하고 있다.

제4절 산업의 진화와 글로벌 생산네트워크

동관지역의 IT · 전자 산업클러스터의 사례에서 볼 수 있는 바와 같이, 다국적 기업은 지역 산업클러스터의 중요 구성주체가 될 수 있다. 그러나 이들 다국적 기업이 지역산업의 가치와 핵심 역량을 지속시키는 핵심 파트너가 될 수 없다. 즉 동관지역의 산업클러스터가 글로벌 생산네트워크 관점에서 강조하는 것처럼 다른 지역기업과 경쟁할 수 있는 지역적 자산을 뚜렷하게 갖고 있지 않은 상황에서 다국적 기업이 지역기업과 함께 뿌리 내리기가 쉽지 않다. 이러한 측면에서 시간적으로 반복되면서 선도 기업과 지역적 자산(즉 산업구조, 문화, 정부의 지원 정책 및 혁신환경) 사이의 지역적 공진화(co-evolution) 과정에 기초한 조직적이고 유기적인 결합(organ form) 없이 지역 산업 핵심 역량의 업그레이드나 지속적인 역동적 성장을 기대하기 어렵다. 대만의 IT기업은 계약 제조업체라는 한계에서도 오히려 동관지역이라는 지리적 집적에 기초한 제조생산체계를 활용하여 대만 기업은 넷북 컴퓨터, 스마트폰, 자동차 전자부품 등 다양한 영역으로 역량을 확대하였다. 또한 여러 개의 글로벌 생산네트워크에 참여하여 가치사슬에서의 기능도 업그레이드 하는 등 다양한 생산 활동의 유형을 전개하고 있다.

동관은 국제제조업기지라는 명성에도 IT · 전자 산업이 활성화되어 있는 지역뿐만 아니라 시 전체가 기술개발 능력과 기업의 자주적 혁신능력을 개선할 수 있는 산업구조의 업그레이드 문제에 끊임없이 직면해 왔다. 이러한 이유로 동관은 2006년부터 동관의 발전 방식을 경제성장을 촉진하기 위한 경쟁방식에서 과학기술의 발전을 통한 경쟁방식으로 변화를 모색하기 시작했다. 또한 생산비용 절감 위주의 위탁가공 및 수출전략에서 중국의 내수시장에 적합한 제품을 개발하는 차별화전략으로의 전환을 촉진하고 있다. 또한 과학기술, 금융, 산업이 결합으로 상대적으로 경쟁력이 있는 전통산업을 업그레이드하고, 연구개발 · 설계 · 구매 · 마케팅 등 수익성이 높은 생산 활동에 참여하는 산업클러스터의 구축을 추진하고 있다.

이러한 방안들을 글로벌 생산네트워크 시각에서 보면 내수시장에 적합한 제품개발 차별화 전략은 생산과정 및 제품의 업그레이드, 고부가가치의 생산 활동에 참여하는 산업클러스터의 구축은 기능 및 새로운 가치사슬로의 업그레이드 전략이라고 이해할 수 있다. 그러나 달리 보면, 이러한 전략도 전통적인 제조활동에 제품의 브랜드 설정과 연구개발 등을 결합을 시도하고 있으나, 단일 산업의 경계에서 제한된 발전을 모색하는 것이나 다름이 없다. 즉 혁신적으로 출현하는 모듈화된 글로벌 생산네트워크의 세계에서 다양한 활동에 참여할 수 있고, 다양한 연관 산업이 긴밀히 연계될 수 있는 산업클러스터 개방성과 기업의 전문성이 더 필요할 수 있다는 것이다. 동관지역 IT · 전자 산업클러스터의 성장과정은 한마디로 다국적 기업과 분업체계가 구체적이고 세밀할수록 지역 기업의 성장에 기여하게 되지만, 지역기업의 혁신능력이 결여되었을 때는 가치사슬의 맨 하단에서 벗어나기 힘들다는 것을 보여준다.

〈참고문헌〉

스타인펠드, 에드워드 저. 구계원 역. 2010. 『왜 중국은 서구를 위협할 수 없나』, 파주: 에쎄.동관지도,

曹群. 2005. "东莞IT产业集群的可持续发展对策探讨," 『市场经济论坛』 82, 44-46.

陈权, 尧新化. 2013. "基于FDI的产业集群发展模式与动力机制: 以东莞电子信息产业集群为例," 『中国经济导刊』, http: www.gygov,cn/art/2013/4/11/art_1189_41220.html.

邓宇鹏, 陈端计. 2013. 『从工业区到园区』,东莞: 中华书局.

东莞市发展和改革局, 『东莞市2014年国民经济和社会发展计划执行情况与2015年计划草案的报告』,

龚三乐. 2011. "全球价值内企业升级绩效′ 绩效评价与影响因素分析：以东莞IT产业集群为例," 27, 『改革与战略』, 178-181.

张辉. 2004. "GVC理论与我国产业发展研究," 『中国工业经济』, (5), 38-46.

中共东莞市委政策研究室. 2015. 『东莞转型』, 北京: 人民出版社.

朱仁宏, 王永丽, 何熟珍. 2010. 『移植′ 升级与本土化发展』, 广州: 广东人民出版社.

南方日报, 2014年 10月 21日

青岛新闻网, 2014年 2月 19日

人民网, 2014年 6月 18日

羊城晚报 2015年 3月 27日

Brenner T and Fornahl D. 2008. "Regional path dependence in start-up activity," PEEG paper #08.12, Urban and Regional Research Centre, Utrecht University: Utrecht.

Casper S. 2007. Creating Silicon Valley in Europe. Public policy towards new technology industries. Oxford: Oxford University Press.

Coe NM and Yeung HW. 2015. Global Production Networks: Theorizing Economic Development in an Interconnected World, Oxford University Press.

Dunning JH. 1998. "Location and the multinational enterprise: a neglected factor?," Journal of International Business Study, 29(1), 45-66.

Gereffi G. 1999. "International trade and industrial upgrading in the apparel commodity chain," Journal of international Economics, 48, pp.37-70.

MacKinnno D. 2012. "Beyond Strategic coupling: reassessing the firm-region nexus in global production networks," Journal of Economic Geography, 12, 227-245.

Porter ME. 1990. The competitive advantage of nations, Free Press, New York.

Poter ME. 1998, "Clusters and the new economics of competition," Harvard Business Review, 76(6), 77-90.

Saxenian A. 1994. Regional advantage: Culture and competition in Silicon Valley and Route 128, Cambridge, MA: Harvard University Press.

Scott AJ. 1988. New industrial spaces: flexible production organization and regional development in North America and Western Europe, Pion, London.

Tong X and Wang J. 2002. "Global-local networking PC manufacturing in Dongguan, China," in Hayter M, Heron R(eds.), Knowledge, industry and environment: institution and innovation in territorial perspective, Ashgate, Adershot.

Wei YHD. 2009. "China' s Shoe Mannufacturing and the Wenzhou model: prespectives on the world' s leading producer and exporter of footwear," Eurasian Geography and Economics, 50(6), 720-739.

Yang C. 2007. "Divergent hybrid capitalisms in China: Hong Kong and Taiwanese electronics Clusters in Dongguan," Eonomic Geography, 83(4), 395-420.

Yang C and Liao H. 2010. "Industrial agglomeration of Hong Kong and Taiwanese manufacturing investment in China: a town-level analysis in Dongguan, Ann Reg Sci, 45, 487-517.

제3장 중국 소주공업원구 발전의 경로의존 유형*

제1절 중국 소주공업원구(蘇州工業園區) 발전

중국 강소성(江蘇省)의 남쪽에 위치해 있고, 사회주의 신중국의 성립 이래 전통적으로 소주(蘇州), 무석(無錫), 상주(常州) 3개 시를 지칭하는 소남지역(蘇南地域)[33]은 특히 개혁개방 이후 지방정부가 주도하는 향진기업(鄕鎭企業)의 발전으로 경제가 빠르게 성장한 지역 중의 하나이다. 사실, 중국의 동부연해지역은 개혁개방 이후 지리적 특성과 인문환경에 기초해서 지역마다 독특한 경제발전 양식을 형성해 왔다. 이들 각 지역의 경제 개발양식으로 중국에서는 대표적으로 소남모델(蘇南模式), 주강삼각주모델(珠江模式), 온주모델(溫州模式) 등으로 잘 알려져 왔다.[34]

특히 중국 지역의 개발양식을 대표하는 모델 중에서 민영기업 중심의 온주모델과 가장 비교되는 강소성 지역의 소남모델은 지방정부가 주도하는 경제성장 방식으로 인해 중국 내외에서는 이 전

---

* 원문 「한국동북아논총」, 19(1)에서 재정리.

33) 소남이라는 말의 유래는 1951년에서 1953년에 3년 동안 소남행정구가 존재했었는데, 이는 강소성 남부지역이라는 의미로 전통적으로는 소주(蘇州), 무석(無錫), 상주(常州) 3개의 시를 가리킨다. 2000년 강소성은 남경(南京)과 진강(鎭江)을 소남지역 범위에 포함시켜 현재 소남은 소주, 무석, 상주, 남경, 진강 5개 지역을 의미한다. 일반적으로 중국의 소남모델을 의미하는 소남지역은 외연이 더욱 확대되어 강소성의 남통(南通) 뿐만 아니라 절강성(浙江省) 북쪽의 가흥(嘉興)과 호주(湖州) 등도 포함된다. 唐岳良 · 陸陽, 『蘇南的變革與發展』, (北京: 中國經濟出版社, 2006), p.3을 참조.

34) Y. H. Dennis Wei, "Beyond new regionalism, beyond global production networks: remaking the Sunan model, China," *Environment and Planning C: Government and Policy*, 28, 2010, p.72.

통적 소남모델을 가리켜 동아시아지역 국가들의 경제개입적 역할과 유사한 '개발국가적 정부(developmental state)'로 해석해 왔다. 나아가, Walder(1995)는 이러한 소남지역에서 중국 지방정부의 경제적 역할을 '산업기업적 정부(local governments as industrial firms)'로, 그리고 Oi(1989; 1999)는 '기업가적 정부' 혹은 '지방정부 조합주의(local state corporatism)'로 정의하였다.

그렇지만 1990년대에 들어서서 지방정부 주도형의 지역경제와 향진기업의 약진으로 대표되는 소남모델은 지역경제의 성장 및 기업경영성과와 관련하여 문제를 낳기 시작했다. 특히, 1990년대 중반 이후 중국의 향진기업은 기업재산권 개혁을 추진하기 위해 주식제 형태를 띤 민영기업으로 전환하여 왔으나, 국내적으로 가중되는 시장경쟁 환경에서도 지속되었던 지방정부의 기업관리 전략이 오히려 기업경쟁력 강화에 장애가 되었다(Sonobe, Hu and Otsuka, 2004; Li, 2005; Du and Izumida, 2006). 가장 심각한 문제는 대부분 집체소유제 형식에 내재해 있는 기업재산권구조의 불명확성과 시장 환경 구축과정에서 쉽게 발생할 수 있는 정부행위의 단견적 성격에 놓여 있었다. 왜냐하면 1992년 중국의 경제시스템이 시장체제로의 전환이후 시장경쟁이 치열하게 구축되는 환경에서 기업은 이윤을 최대화하기 위해 자본 및 기술투자를 선택해 왔던 반면, 지방정부는 세수 이익을 극대화하기 위한 정책을 취하면서 기업과의 사적 공모행위(corporatist allocations)를 초래했기 때문이었다. 따라서 1990년대부터 소남지역 역시 향진기업은 민영기업으로 전환시키고, 해외 기업의 유치를 위한 글로벌 지역개발 정책을 적극 추진하기에 이르렀다.

1990년대 이후 소남지역은 향진기업에 대한 민영기업으로의 개혁과 대외 지향적인 지역산업구조로의 개선뿐만 아니라, 신산업집적지의 조성과 지역인프라 구축을 통해서 지역경제의 발전방식을 변화시키기 시작하였다.[35] 최근 소남모델은 친기업적 환경을 구비한 혁신적인 신산업지역으로의 전환을 목표로, 그리고 이에 따른 지역혁신체제(local innovation system)의 구축을 지향하는 방향에 따라서 새로운 소남지역으로 변화하기 시작했다. 이들 소남지역의 변화의 중심에는 현대 과학기술의 성장을 통한 전통제조업의 개조와 정보산업(ICT industry)을 기반으로 하는 도시산업화의 촉진을 그 특징으로 하고 있다. 그리고 강소성의 소주시(蘇州市) 역시, 여타 소남지역과 마찬가지로, 정보산업의 발전을 중심으로 경제기술개발구 및 공업원구(工業園區)의 개발을 촉진시키면서 해외직접투자(FDI)의 주요 목적지로서 그리고 국제제조업 센터로서 빠르게 성장하기 시작했다.[36]

사실, 개혁개방이후 전통 제조업과 외주생산에 크게 의존하는 형태로 성장해 왔던 소주는 저렴한 노동생산비를 의미하는 '쑤저우 가격(Suzhou Price)'이라는 이미지를 만들면서 글로벌 생산체계에서 제조생산기지로서 소주시의 입지가 형성되어 있었다. 따라서 향후 소주시 경제와 산업의 발전은 외주형식의 전통제조업을 첨단제조업 산업으로의 업그레이드 여부에 달려있고, 또 신흥 제조업산업의 성장이 필요하다는 인식이 1990년부터 팽배해 있었다. 이 와중에 1992년 중국 중앙정부와 싱가포르정부와의 협력으로 이루어진 소주공업원구(蘇州工業園區)의 개발은 지역산업의 발전을 포함하여 소주시 지역경제에 큰 영향을 미치는 새로운 산업지

35) 唐岳良・陸陽(2006), p.8.

36) Wei, Y.H.D., I. Liefner, and C.H. Miao, "Network configurations and R&D activities of the ICT industry in Suzhou Municipality, China." *Geoforum*, 42(4), 2011, p.484.

구로 평가받게 되었다. 소주공업원구는 중국정부와 싱가포르정부와의 협력프로젝트 형식으로 개발되었으며, 양국 정부의 합리적인 계획과 건설을 통해 산업지구(industrial park) 인프라가 조성되었다. 나아가 싱가포르 관리경험의 이전을 통해 지방정부의 공공관리 역할을 정립하고, 소주시 지역에 친기업적 혁신환경을 갖춘 산업지구의 구축에 목표를 두고 역시 국제조업센터로 성장하게 된 것이다.

그러나 현재 소주공업원구는 산업지구에서 다양한 기업의 혁신활동에 의한 제품 및 생산과정의 혁신이라는 측면에서 보면 다국적 기업에 대한 지나친 의존과 기업 내 혹은 기업 간의 혁신활동의 한계가 뚜렷하게 나타나 있다. 특히 중국내 로컬기업과 대학 및 연구기관, 지원제도와의 다양한 상호 교류협력의 부재 또한 로컬기업의 학습 및 혁신능력의 한계로 나타나기 때문에 자생적 혁신능력을 갖춘 신산업지구로 평가받기 어려운 측면이 있다. Wei(2009) 역시 산업지구를 초기 산업집적지 형식인 마샬적 산업지구(Marshallian districts), 그리고 허브-스포크형 산업지구(hub-spoke type districts), 위성지구형 산업지구(satellite districts), 국가주도형 산업지구(state anchored districts) 네 가지로 구분하여 보면, 소주공업원구는 건전한 혁신환경을 갖춘 허브-스포크형 보다는 위성지구형 산업지구에 가깝다고 분석하였다.

또한 세계 여타 혁신적인 산업지구사례와 함께 비교해도 소주공업원구의 사례는 소주시의 산업과 기술혁신을 촉진시키는 산업지구로 경쟁력개선에 도움을 주는 실질적인 사례를 발견하기 어렵다. Griffith 등(2003)에 의하면, 바람직한 산업지구는 기업의 혁신행위뿐만 아니라 기업 간의 상호 교류협력, 학습, 그리고 글로벌

네트워크에 의한 혁신의 상호작용은 지역차원에서 구축된 제도적 환경에 직간접적으로 영향을 받게 되어 있다. 또한 기업의 창업과 발전은 주로 기업의 연구개발(R&D) 활동 및 인적 자본의 구성 이외에도 기업 혁신활동에 대한 지원환경에 의존하기 때문에 혁신환경을 갖춘 지역제도의 구축이 중요하다는 점에서 소주공업원구의 사례는 발전적인 산업지구로 변화하기 쉽지 않다는 것이다.

따라서 본 장에서는 소주공업원구를 사례로 소주시 지역산업의 변화과정과 산업지구의 역할을 중점적으로 살펴보고자 한다.[37] 특히 Martin(2006), 그리고 Boschma와 Martin(2010) 등이 제시하고 있는 지역산업의 경로의존적 진화라는 관점[38]에서 먼저 소남모델에서 보여주었던 전통 산업과 제조업 기업이 지역의 글로벌화를 촉진시키는 과정에서 어떤 변화를 겪어왔는지, 다음으로 소주지역의 신산업 출현이 산업지구의 역할과 밀접한 관계를 맺고 있는 것인지를 설명하고자 한다. 마지막으로 소주공업원구의 개발과정에서 나타났던 특징과 함의를 중심으로 '기업가적 정부 역할'로 상징되던 소남모델의 전환이 실질적으로 이루어진 것인지 설명하고자 한다.

37) 본 연구는 2013년 1월 14일부터 1월 20일까지 소주공업원구내의 12개 기업과의 심층 인터뷰를 거친 필드리서치에 바탕을 두었다.

38) 지역과 산업, 기업의 관계뿐만 아니라 산업지구의 변천과정을 설명하기 위해서는 Martin이 제시하고 있는 지역산업 진화의 경로의존 모델이 주목할 만하다. 특히 Martin(2010)은 David와 Arthur의 경로의존(path dependence) 모델에서 David의 역사적인 우발적 잠김현상(lock-in)에 의한 균형적 정체상태라는 설명은 균형적이라기보다 다원적 경로의존을 설명하는 Arthur의 주장과 화합하기 어려우며, 더욱이 균형적 정체상태를 의미하는 경로의존 모델은 지역산업 혹은 지역경제의 진화적인 역동성을 현실적으로 그려내기가 어려운 한계가 있다고 지적한다. 따라서 Martin은 하나의 대안적인 경로의존 모델로 지역산업의 경로의존적 진화라는 관점을 제시하고 있다. Ron Martin, "Rethinking regional path dependence: beyond lock-in to evolution", The 2009 Roepke Lecture in Economic Geography, Economic Geography, 86(1), 2010, pp.1-27을 참조.

제2절 소남모델의 변화와 신산업지구: 이론적 배경

1. 지역과 산업, 기업의 경로 의존적 변천

1980년대에 Freeman(1988)의 연구를 계기로 Lundvall(1992)과 Nelson(1993) 등에 의해 촉진된 국가혁신체계(National Innovation System)에 대한 연구는 한 국가의 기술발전 경로(technological trajectory)를 결정하는 주요 요인은 사회제도적 틀이며, 따라서 혁신은 개별 주체행위자보다 국가 단위를 중심으로 행위자 간의 상호작용과 학습에 의한 체계적 과정으로 촉진된다는 것이다. 이러한 국가혁신체계 접근법의 발전은 지역 단위의 분석으로 확장되면서 2000년대에 이르러서는 지역혁신체계에 대한 연구가 활발히 진행되기 시작하였다.[39] 또한 지역혁신체계 접근법은 지역 혁신의 다양성에 대한 이해를 제공해 주었을 뿐만 아니라, 동시에 이와 관련된 특정 지역혁신 모델로 산업 지구(industrial districts), 클러스터(cluster), 혁신 환경(innovation milieux) 등의 이론적 접근법 등으로 발전하게 되었다.

그동안 지역의 공간적 입지가 기업의 경쟁력에 미치는 영향에 관한 기존 연구들은 대개 외부적으로 주어진 기업의 입지와 또 생산과 연결된 투입요소 비용, 즉 토지, 노동, 자본, 에너지 등과 같은 비용사이의 관계를 최적화하는 문제에 초점을 두어왔다. 주로 기업이 입지하고 있는 지역의 외부적 환경에 의해서 생산비용의 절감과 효율성의 관계를 다루어 왔으며, 결국에는 산업 클러스터

---

39) Bjorn T. Asheim, Helen Lawton Smith & Christine Oughton, "Regional innovation systems: theory, empirics and policy," Regional Studies, 45(7), 2011, p.876.

에 의한 이론적 접근으로 기업입지의 조건을 더욱 강조하게 되었다.[40] 이러한 연구의 전통은 기업이 공간적으로 집적되어 있음으로 얻는 생산성 향상과 경쟁력 향상이 여전히 지리적 입지에 따라 크게 영향을 받는다는 점을 밝히고 있다. 즉 어떠한 집적지 하에서 기업의 경쟁우위를 가져올 수 있는가 하는 중범위에서의 경제적 조건을 가려내는데 중점을 두고 있는 것이다.

따라서 지역산업 클러스터에서의 중요한 요소는 지역혁신구조와 그리고 산업클러스터에서 형성되는 네트워크이다. 산업클러스터에서 지역자원과 관련된 공급 및 수요사이에는 상호호혜에 의한 긴밀한 네트워크 관계를 형성하기 때문에 산업클러스터에서는 기업의 지리적인 공간적 집적에 의한 상호 보완관계가 형성되고 기업, 및 산업과 지역발전은 긴밀하게 연결되어 있다. 그리고 산업클러스터에서는 조직과 행위자 및 행위자의 가치와의 관계가 상호 침투되어 있는데, 이는 행위자가 경제활동을 할 때 자신의 이성적 계산과 선호가 있으나 이성과 선호는 동태적인 상호행위과정에서 결정되는 것이다.

Granovetter(1985)는 이 과정을 침투성(embeddedness)개념으로 설명하고 있으며, 침투성은 거래비용을 결정하는 중요 요소이다. 침투성은 기업의 운영측면에서 볼 때 합리적 계산에 의한 이성적인 경제교역과정에만 관련되어 있는 것이 아니고 사회제도적 구조와 상호 네트워크에 영향을 받게 된다는 의미이다.[41] 따라서

40) Philip McCann & Stephen Sheperd, "The rise, fall and rise again of industrial location theory," Regional Studies, 37(6&7), August/October, 2003, pp. 649-663; Michael E. Porter, "The role of location in competition", Journal of the Economics of Business, 1(1), 1994를 참조.

41) Mark Granovetter, "Econmic Action and Social Structure: The Problem of Embeddedness." *American Journal of Sociology*, 91, 1985, pp.93-131를 참조.

지역 간의 경쟁은 종종 기업 간의 네트워크와 지원기관, 그리고 기업생태환경으로 구성되어 있는 산업 클러스터간의 경쟁으로 나타나며, 지역에서의 상호학습, 특히 지식과 경험교류는 일종의 공생시스템을 형성한다. 이는 산업구조를 합리화할 뿐만 아니라 지역의 경쟁력을 강화하기도 하고 또 부정적으로 경쟁열위 상태를 고착화시키기도 한다. 다시 말해, 지역산업과 네트워크, 그리고 기업은 양방향으로 서로 영향을 끼치면서 공진화(co-evolution)하게 되며, 기업의 혁신적 활동의 역동성은 산업구조(Brenner and Fornahl, 2008), 그리고 제도(Casper, 2007)와 문화(Saxenian, 1994)에 의해 경로 의존적이라는 특성을 반영하게 된다.

<그림 3-1> 지역산업 및 기술의 몇 가지 유형화된 진화 경로

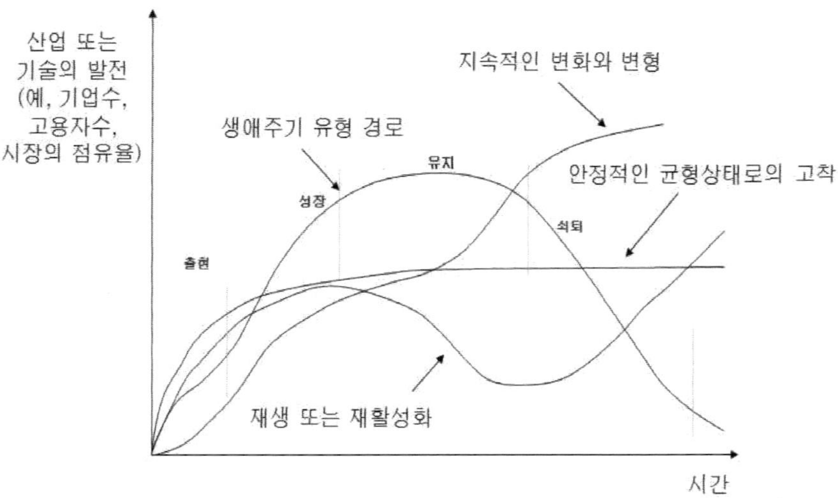

자료: Martin(2010); Menzel and Fornahl(2010)

〈그림 3-1〉에서 보는 바와 같이, 경로 의존적이라는 의미는 David(1985)와 Arthur(1988)가 제시한 경로의존 개념을 의미하는 것으로 한번 경로가 정해지면 그 관성 때문에 다른 방식으로 바꾸기 어려운 현상을 가리키는 것으로 본래는 기술변화 과정에서 나타나는 양성순환 또는 악성순환을 설명하는 개념이다(Boschma and Martin, 2010). 그러나 주로 산업의 공간적 진화과정을 설명하기 위해 Martin과 Sunley(2006, 2010)가 제시하고 있는 경로의존 이론모델은 지역과 산업의 특성 그리고 기업 간의 상호관계에 의해 형성된 지역산업 클러스터의 진화경로가 우연적으로 형성된 초기상태에 의해 결정되며, 그에 따라 그 이후의 전후 연관성과 상호의존의 특징도 귀결된다는 것을 의미한다. 즉 경로의존이론에 의한 산업클러스터의 진화과정을 설명하는 경우 우연적인 초기단계의 상황에 따라 다양한 진화경로가 나타날 수 있다는 것이다.

예를 들어, 첫째, David와 Arthur 유형의 진화경로는 '안정적인 균형 상태로의 고착'을 가리키며 산업 클러스터의 진화경로가 일단 우연적 사건이나 요소에 의해 결정되면 수익체증 메카니즘은 외부요소의 개입이나 기타 방안의 대체를 저지하게 된다고 본다. 둘째, Menzel과 Fornahl(2010)은 산업클러스터의 진화과정을 클러스터 생애주기 유형의 경로로 설명하였으며, 산업클러스터는 출현, 성장, 유지, 쇠퇴의 생애주기를 겪게 된다는 것이다. 셋째, 그러나 Martin과 Sunley(2010)는 산업클러스터의 진화경로가 '지속적인 변화와 변형' 혹은 '재생 또는 재활성화'로의 변화가 출현할 수 있다고 설명하였다.

〈그림 3-1〉에서 보는 바와 같은 4가지의 경로모델 중에서, 첫째, David와 Arthur 유형의 경로의존모델처럼 초기조건에 의해 차

후단계의 발전경로가 정해지고 균형상태로 고착되는 발전과정을 거쳐 왔느냐, 아니면 Menzel and Fornahl(2010)의 주장처럼 생애주기유형에 근접한 것인가, 또는 Martin의 주장처럼 중간단계에서 지속적인 변형을 추구하거나 재생 또는 재활성화의 경로를 거쳐 왔는가를 분석하고자 한다. 둘째는, 만약 Martin의 재활성화 또는 지속적인 변형 유형에 근접한다면 현재 시점에서 볼 때에 성공적인 경로를 추구하고 있느냐 아니면 추가적인 변형과 보완대책이 필요한가를 판단하고자 한다. 셋째로는, 그러한 성공적인 변형을 위해서는 타 산업지구의 예를 볼 때에 어떠한 보완책이 필요한가를 탐구해 보고자 한다.

<그림 3-2> David와 Arthur의 기술 경로의존 모델을 수정한 Martin과 Sydow, Schreyögg와 Koch의 발전경로 모델

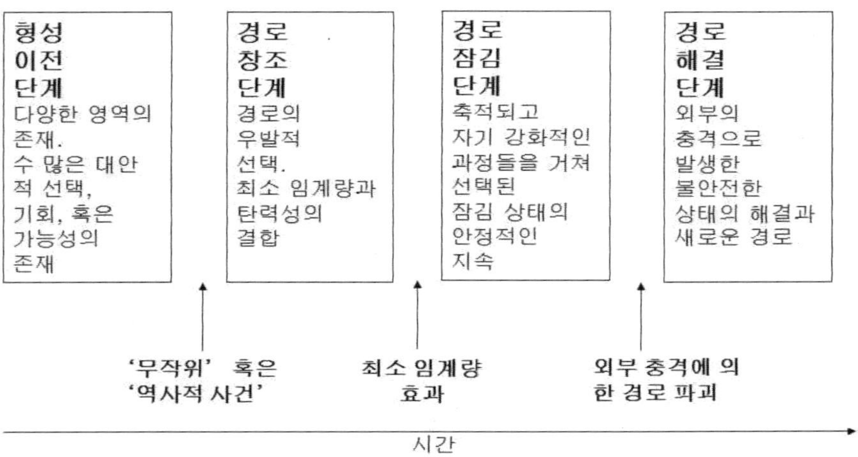

자료: Martin(2010); Sydow, Schreyögg and Koch(2005).

소주 공업원구의 발전경로의 역사를 미리 결론적으로 평가한다면 90년대에 싱가포르를 중심으로 한 외국자본의 유입을 통해서 새로운 성장경로를 추구하고 있는 상황이기에 David와 Arthur의 경로고착형과도 다르고, Menzel과 Fornahl의 생애주기형식으로 성장과 쇠퇴의 사이클을 겪고 있는 것과도 다른 양상이다. 만약 초기의 소남모델이 변형되지 못하고, 문제점을 해결하지 못했더라면 쇠퇴과정에 접어들게 된다는 Menzel과 Fornahl의 생애주기형에 근접했을 것이다. 그러나 싱가포르의 선진 운영방식과 외국자본 투입이라는 외부의 충격으로 말미암아 지속적인 성장이 계속되어 왔기에 앞의 두 모델 보다는 Martin 식의 재활성화 또는 지속변형형에 가깝다고 가정된다.

즉, 본 장에서는 David와 Arthur의 기술 경로의존 모델을 수정하여 지역산업 진화과정에 적용한 Martin과 Sydow, Schreyögg과 Koch의 발전경로 모델에 근거하여, 지역산업 진화 경로형성이전, 경로창조, 경로의 잠김상태(lock-in, 즉 경로고착화), 외부의 충격으로 인한 새로운 경로해결 단계라는 역사적 진화과정과 산업의 생애주기유형을 중심으로 소주공업원구 사례의 발전 과정적 특징을 설명하고자 한다. 따라서 이러한 가정에 대한 근거들을 소남모델의 역사적 변천과정, 소주공업원구의 성장내용, 네트워크의 변화 등 국가와 지역, 산업, 기업간의 관계변화 등에 대한 분석을 통해 찾아보고자 한다.

2. 소남모델의 변화와 소주시 사례

소주시는 역사적으로 춘추시대(春秋時期) 오나라왕 합려(闔閭)가 오나라(吳國) 수도 건립을 위해 오자서(伍子胥)에게 명하여 합려성(闔閭城)으로 건설되었으며, 송·원(宋元)시대 이후로는 절강성의 항주(杭州)와 함께 중국의 강남(江南)을 대표하는 지역이었다. 소주는 원래 아편전쟁 이전시기까지 만 해도 즉 상해가 급부상하기 전 중국에서 두 번째 큰 도시였다. 1840년 아편전쟁(阿片戰爭)이후, 상해가 중국 최대의 상공업도시로 발전하면서 비록 소주의 지위가 바뀌었으나, 상해의 파급효과와 함께 소주 역시 남송시대 때에 상당히 발전했던 농업, 가내수공업, 실크생산 및 자수, 상품경제의 발달과 지역문화를 토대로 근대 민족공업이 크게 발전했다.[42] 그리고 1949년 사회주의 신중국 성립이후에는 계획경제체제아래 국가의 계획에 의해 전통적 소주공업이 발전하기도 하였다.

지리적으로 볼 때, 소주시는 장강삼각주(長江三角洲)의 중앙과 강소성의 남쪽에 위치하고 있으며, 동쪽으로는 상해(약 100km)와 인접해 있다. 그리고 아래에는 절강성이 위치해 있는 지리적 특성으로 소주시는 장강삼각주권역의 핵심도시로서의 위상을 갖고 있다. 또 국가급 첨단과학기술산업단지가 발전되어 있어 기술과 제조업 센터로서 핵심기능을 담당하고 있다. 현재 소주시의 총면적은 8,488㎢로서 창랑(滄浪), 평강(平江), 금창(金閶), 호구(虎丘), 오중(吳中), 상성(相城), 소주공업원구(蘇州工業園區), 소주신구(蘇州新區) 등 8개 구와 상숙(常熟), 장가항(張家港), 태창(太倉), 곤산(昆山), 오강(吳江)의 5개 현급시(縣級市)를 관할하고 있다(〈그림 3-3〉 참조).

42) 唐岳良·陸陽, 위의 책, pp.1-2.

<그림 3-3> 소주시의 위치와 행정구획도

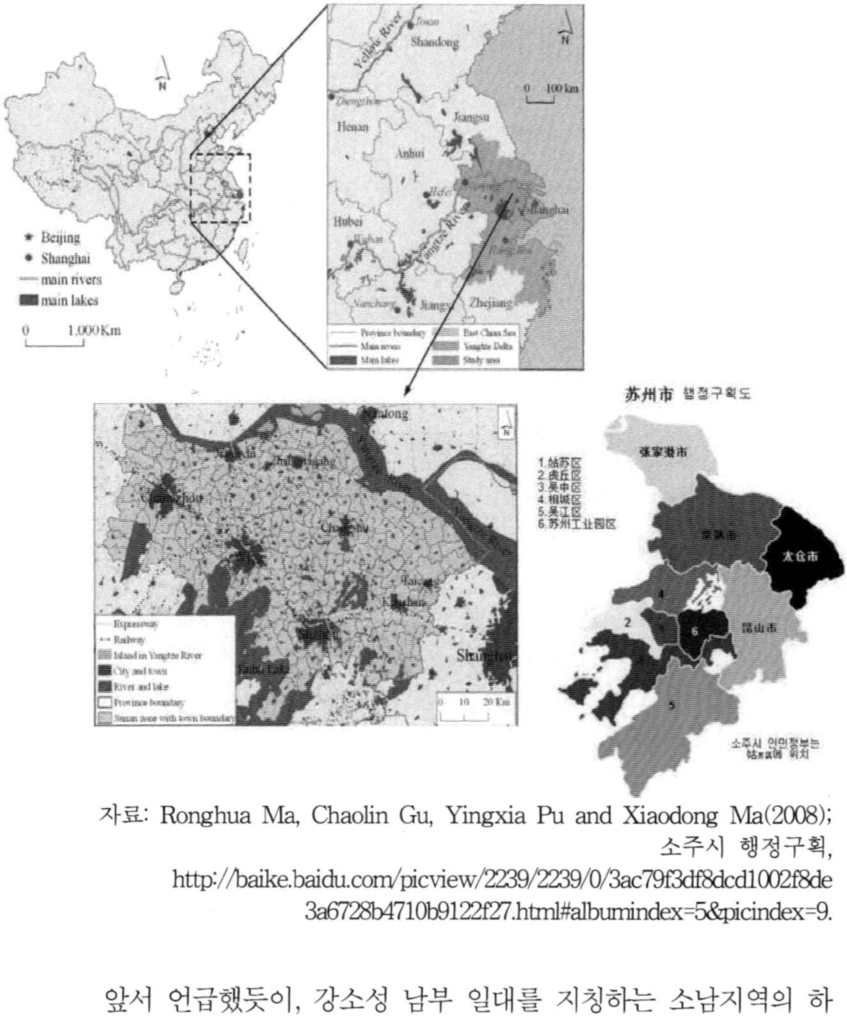

자료: Ronghua Ma, Chaolin Gu, Yingxia Pu and Xiaodong Ma(2008); 소주시 행정구획, http://baike.baidu.com/picview/2239/2239/0/3ac79f3df8dcd1002f8de3a6728b4710b9122f27.html#albumindex=5&picindex=9.

앞서 언급했듯이, 강소성 남부 일대를 지칭하는 소남지역의 하나로서 소주시 역시 상해와 같은 대도시에서 근로 경험을 갖춘 동향인 근로자를 중심으로 향진기업을 설립함으로서 개혁개방 후에 소남모델의 형성에 결정적인 역할을 하게 되었다. 소주, 무석, 상주 등의 소남지역은 1949년 사회주의 신중국 성립부터 시작하여

1980년까지 공유제경제를 기초로 하여 국유기업과 집체소유제 위주의 향진기업(鄉鎭企業)이 발전한 지역이다. 특히 소남지역의 향진기업은 집체소유제 형식이나 실질적으로는 중국의 현(縣)이나 향진(鄉鎭)정부의 간부에 의해 경영됨으로서 농촌의 공업화뿐만 아니라 경제사회적 발전에 크게 기여하기도 하였다. 소남모델은 바로 이러한 소남지역의 독특한 경제발전 양식을 의미하는 것으로 1980년대 중반에는 최고조의 성장기에 이르렀다.[43]

그러나 1990년 중 후반기에 이르러서는 정부주도의 외연적 성장방식의 한계와 기업재산소유권의 모호성 등으로 인해 소남모델은 점차 쇠퇴하기 시작하여 소남지역의 향진기업은 경쟁력을 상실하게 되었다. 즉 1990년대 초반 글로벌화와 기업제도의 민영화개혁의 추진과 함께 집체향진기업의 문제뿐만 아니라 규모의 경제문제로 인해 지역산업이 쇠퇴하고, 소주시는 대부분의 향진기업을 민영기업과 공동소유기업(joint ownership firm)으로 재산소유권제도 개혁을 단행하였다. 그리고 소남지역은 소남모델의 쇠퇴로 새로운 전환기를 맞이하면서 도시화의 촉진, 그리고 외자유치를 통한 수출지향형 경제로의 전환이 이루어지게 되었다. 소주시 역시 전통적인 집체 향진기업이 산업생산량의 절반을 차지했으나, 향진기업의 경쟁력상실로 기업제도개혁과 외자유치, 글로벌화의 촉진 그리고 산업구조의 조정을 통해 수출지향형 경제로의 전환을 추진하였고, 마찬가지로 이를 지역경제발전의 새로운 방식으로 삼았다.[44]

43) 汪波, "制度变迁与比较制度优势: 苏南发展模式双重循环中地方府功能变迁," 『Journal of US-China Public
Administration』, 3(6), 2006, pp.26-27.

44) 黃亮, "苏州市经济发展模式转型研究," 『财经视点』, 3, 2011, p.154.

<그림 3-4> 소주첨단기술신산업지구와 소주공업원구

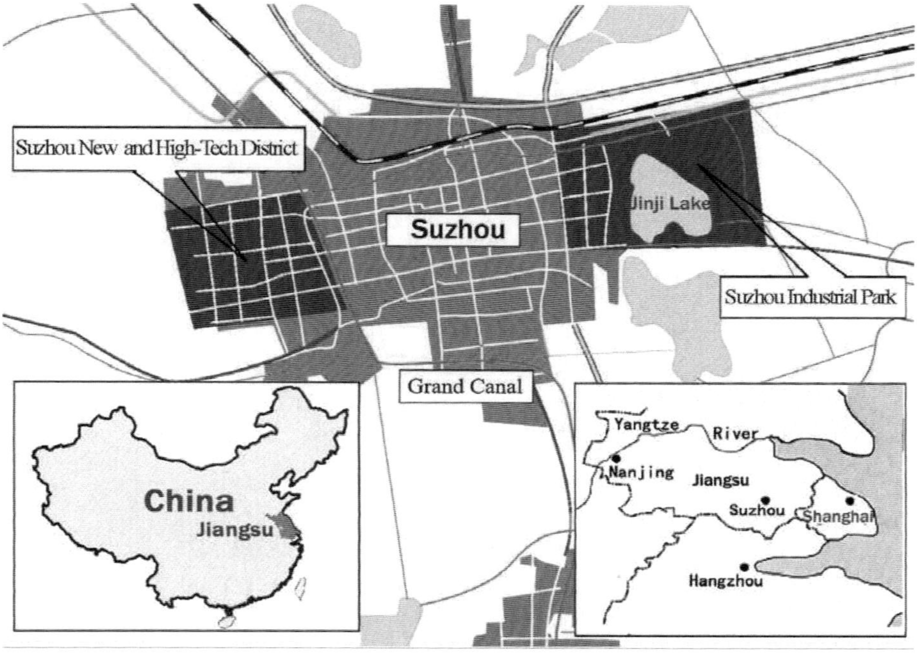

자료: Wei et al.(2009), p.413.

특히 소주시(蘇州市)는 신산업지역으로 소주공업원구(Suzhou Industrial Park)와 소주첨단기술신산업지구(Suzhou New and High-Tech Disrict)를 개발하여 공업원구에 해외 다국적 기업의 투자를 적극 유치하였으며, 수위탁가공무역 방식으로 지역경제성장을 이루었던 사례지역이다(〈그림 4-4〉 참조). 따라서 소주시는 해외직접투자의 적극적 유치이후 노트북 컴퓨터와 반도체 제조와 같은 정보통신 산업의 허브로서 기능을 갖추었을 뿐만 아니라 중국 제조업 센터로서의 역할을 맡게 된 것이다.

소주시 사례는 1990년대 기점으로 최근 변화하고 있는 중국 중심도시의 지역발전전략의 변화과정을 살피는데 의미 있는 사례로서 지역의 글로벌화를 통해 지역산업이 어떻게 변화하였는가를 보여준다. 또한 소남모델을 상징하였던 지방정부의 기업가적 역할은 시장전환의 과정과 글로벌화에 어떻게 적응하고 있는가를 살펴봄으로서 소주공업원구의 개발사례를 통해 그 발전방식의 변화과정을 추적해 볼 수 있다고 하겠다.

제3절 정부의 정책과 소주공업원구의 진화유형

1. 소주공업원구의 정책과 개발

소주공업원구는 1994년 중국과 싱가포르 양국 정부의 협력으로 만들어진 신산업지역으로 지역산업의 발전뿐만 아니라 싱가포르의 발전경험, 그리고 정부관리 시스템에 대한 학습 및 상호 협력을 목적으로 개발되었다. 소주공업원구의 행정구역 면적은 288㎢이며, 2010년 통계에 의하면 행정구역 면적 중에서 중국-싱가포르 협력구역 면적은 80㎢에 이른다.

소주공업원구는 1994년 2월 11일에 국무원의 설립 허가를 받아 1994년 2월 26일 Li Lan Qing 부총리와 Lee Kuan Yew는 북경에서 소주공업원구에 공동 개발에 대한 협약을 체결하고 중국-싱가포르 소주공업원구의 탄생하게 되었다. 중국-싱가포르 소주공업원구 개발사가 설립되어 싱가포르가 지분의 65%, 중국은 35% 지분을 소유하였다.

그러나 소주는 소주공업원구의 통제력에 더욱 관심이 많고 다국적 기업의 유치와 연구개발(R&D) 능력 개발에 더 많은 관심을 가졌다. 중국 경제의 성장에 따라 싱가포르는 더 이상 그동안 누려왔던 경쟁 우위적 이점이 감소하고, 중국정부와의 갈등과 재정적 곤란으로 1999년 중국-싱가포르 소주공업원구의 조정에 들어가게 되었다. 2001년 중국의 컨소시엄, 주로 국가 통제 기업이 북경에 본부를 두고 65%대 35%로 다수 통제력을 갖게 되었다. 새로운 지배구조 하에 중국-싱가포르 소주공업원구 개발사는 빠르게 이익을 창출했다.

소주공업원구는 2013년 현재 지역총생산액 1,910억 위안, 전년대비 10% 성장하였다. 공공 재정예산수입 206.9억 위안으로 11.8% 성장하였으며, 사회소비품 판매액은 272억 위안으로 16% 성장하였다. 실제 이용 해외투자액은 19.6억 달러로 수출총액은 800억 달러를 넘어섰다. 고정자산투자액은 740억 위안, 도시주민 1인당 수입이 9.1% 성장하였다. 현재 소주공업원구는 소주시의 3.4% 토지와 5.2%의 인구를 차지하고 있고, 현재 소주시의 약 15% 경제적 가치를 창출하고 있다. 소주공업원구는 지역경제 발전방식의 변화를 위해 다음과 같이 몇 가지 정책을 중점적으로 추진해 왔다.

첫째, 산업구조의 업그레이드를 촉진해 왔다. 최근 글로벌 산업구조의 조정이라는 변화를 맞이하여 선별적으로 해외투자를 유치하여 경제발전방식의 변화를 꾀하고 있다. 첨단산업분야의 제조능력을 개선하기 위해 최근까지 외자유치를 통한 투자항목은 약 5,000개이고, 실제 해외투자 유치액은 247억 달러이다. 이 중에서 91개국에서 세계 500대 기업의 소주공업원구 역내 투자는 150개

항목에 이르고, 투자액이 1억 달러 이상의 항목이 133개, 10억 달러 이상의 투자항목이 7개이다. 주로 전자정보, 기계제조업 등에 경쟁력을 가진 산업클러스터를 형성하고 있다. 그리고 바이오 의약, 나노기술응용분야 등의 신흥산업에서는 2013년 현재 2,214억 위안의 산업가치를 창출하였다.

둘째, 과학기술 자주혁신능력의 육성에 초점을 두고 있다. 연구개발(R&D) 지출은 GDP의 3.29%에 이르고 국가 혁신기지가 20여 개로 국제과학기술원, 창의산업원, 중신(中新) 생태 과기성(科技城), 소주나노성 등 혁식클러스터가 기본적으로 형성되어 있다. 또한 혁신주체의 상호 집적이 가속화됨으로써 매년 새로운 과학기술 프로젝트가 약 500개로 증가하였으며, 각종 연구개발기관 300개와[45] 국가첨단기술 기업 459개를 보유하고 있다. 현재 중국과학원 소주 나노연구소, 국가 나노기술국제혁신원 등이 국가급 혁신 프로젝트를 추진하고 있다.

셋째, 종합적 비즈니스센터를 건설함으로써 금융상업 무역구, 과학교육혁신구, 국제상무구, 관광구 등을 중점적으로 개발하여 소주공업원구는 국가 상무 및 관광 시범구로 발전하고 있다. 또한 서비스산업의 발전으로 서비스업은 GDP에서 매년 2% 성장세를 보이고 있고 2013년에는 39.7%에 이르고 있다. 금융 및 준 금융기관이 500개를 넘어서고 있고, 이 중 외자 금융기관은 26개로 강소성 상업 및 무역, 금융집적 시범구로 발전하고 있다.

45) 소주공업원구에는 국제과학기술원, 중국-싱가포르 과학기술단지, 생물나노원, 창의산업원, 창의펌프장, 소주중국과학기술집적회로설계센터, 소주시소프트웨어평가측정센터, 소주소프트웨어훈련센터, 애니메이션게임플랫폼, 과학기술원인터넷정보데이터베이스(IDC), 생물의약공공기술플랫폼, 나노가공-측정시험분석 및 공정화 플랫폼, 지식재산권공공서비스플랫홈, 마이크로소프트SaaS플랫폼, 삽입식소프트웨어공공기술플랫폼 등이 있다.

넷째, 소주공업원구는 '과학교육 진흥구'의 전략을 통해 혁신형 인재 육성을 촉진하고 있다. 특히 미국의 캘리포니아 버클리 대학, 조지 워싱턴대학, 캐나다 워털루 대학, 호주 모나쉬 대학, 싱가포르 국립대학 등 세계 유명대학의 분교 유치를 통해 24개 대학 및 직업전문 대학이 입주해 있다. 학생규모는 7만 5천 명이고 이 중 석사 이상 학생은 약 2만 명에 이르고 있다. 또한 방기업의 발전이 미약하기 때문이다.[46] 즉 아직 기술수준이 낮은 소주공업원구의 지역기업으로서는 다국적 기업이 원하는 수준의 경쟁력을 갖추지 못했기 때문에 부품 공급에서 차지하는 비중이 작을 수밖에 없다는 것이다. 소주공업원구에 외국 국적 인재는 약 6,000명으로 현재까지 외국 전문가는 1,000여 명, 그리고 4,000명의 해외유학 귀국 인재가 400개 정도의 기업을 창업함으로써 소주공업원구는 국가급 해외유학 고급인재 창업기지로 평가받고 있다.

다섯째, 소주공업원구는 지역혁신체제의 구축에 초점을 두고 지역 입지적 측면에서의 경쟁력을 강화하고 있다. 중국-싱가포르와의 지속적 협력을 통해 소주공업원구의 관리와 운영에 있어 학습과 혁신을 거듭하여 모범적인 중국-싱가포르 사회관리 협력지구로 발전하고 있다. 또한 지속적 개혁의 심화를 통해 물류 통관, 현대 서비스업, 과학기술 혁신과 생태환경 보호 등에서 선도적인 기능을 담당하고 있다.

---

46) 任勝鋼, "蘇州産業集群與跨國公司互動關係的實證分析," 『地域經濟』, 1, 2005, p.101.

<표 3-1> 소주공업원구 관리위원회

중국측	싱가포르측
주석: 왕치산(王岐山)부총리	주석: 장지센(張志賢)부총리
구성원: 상무부 외교부 국가발전개혁위원회 과학기술부 재정부 국토자원부 주택 및 도시농촌건설부 세관총서 국가세무총국 국가품질감독검사검역총국 강소성인민정부 소주시인민정부	구성원: 무역공업부 외교부 총리관서 국가발전부 교육부
쌍방 업무위원회 소주시인민정부	쌍방 업무 위원회 무역공업부
참고 기관 소주공업원구싱가포르경험참고 사무실	참고 기관 무역공업부관리업무프로젝트사 무실

자료: 소주공업원구 관리위원회, http://www.sipac.gov.cn/zjyq/yqgk/201402/t20140221_256856.htm.

전체적으로 볼 때, 소주공업원구는 정부와 산학연과의 긴밀한 관계를 구축함으로써 지역혁신능력과 신산업, 신기술을 발전을 촉진하고 있다. 위의 협력기구 표에서 보듯이 싱가포르와의 긴밀한 제도적 협력의 결과로 인해 창업기간이 원스톱서비스로 1주일 안에 처리되며, 통관절차도 24시간 내에 모든 과정이 완료될 정도로 혁신적인 운영시스템을 갖추는 결과로 나타났다. 그 결과 소주공업원구는 소남지역의 현대화 건설에 선도지구로서의 역할을 감당

할 뿐만 아니라 글로벌 생산가치사슬체계와 지역산업을 연결시키는 기능을 통해 지역경제의 발전을 촉진하고 있다.

2. 소주공업원구의 발전단계

소주공업원구는 소남모델의 한계를 극복하기 위해 1994년 싱가포르와의 제도적인 협력이라는 외부적 변수의 도입과 함께 성장하기 시작하였다. 싱가포르와 최고위급 수준의 협력기구를 만듦으로 인해 선진 싱가포르의 발전경험 및 산업단지 개발과 관리시스템에 대한 학습이 이루어졌다. 2010년 통계에 의하면 소주공업원구의 행정구역 면적 288㎢ 중에서 중국-싱가포르 협력구역 면적은 80㎢에 이른다.

〈표 3-2〉에서 보듯이 소주공업원구의 발전과정은 싱가포르라는 선진 개발국의 경험이전과 중국의 학습이라는 외부적 요소의 유입을 그 모태로 시작되었으며, 산업단지가 건설됨에 따라 관리의 주도권이 싱가포르에서 중국으로 이전됨을 볼 수 있다. 2008년 이후의 전환단계에서는 과학기술의 발전과 제조업 업그레이드 정책, 서비스산업 확대정책 등을 통해 산업단지 구성내용을 진화 · 발전시키고 있음을 알 수 있다. 이러한 과정을 통해 소주공업원구는 과거 소남모델의 한계를 극복하고 지속적인 변형과 성장을 하는 Martin식의 발전경로에 가까워지고 있음을 〈표 3-3〉의 지표 등을 통해서도 살펴볼 수 있다.

<표 3-2> 소주공업원구의 발전 단계

준비단계 1992-1994	초기 형성 및 구축단계 1994-2001	발전단계 2001-2007	전환단계 2008-현재
-중국·싱가포르정부의 소공업원구 개발 및 건설 협력 -싱가포르 협력기업의 유치에 따른 1억달러 규모의 투자유치	-관리조직구축: 3단계 관리업무기관 설립, 즉 중국·싱가포르정부연합협력이사회, 중국·싱가포르관리위원회, 연락기관 -개발회사설립: 중국·싱가포르 재단이 중·싱 소주공업원구개발 유한회사 설립 -기업유치경험전수: 싱가포르측은 중국에 기업유치경험 및 기존 기업유치네트워크 제공 -관리기법전수: 공업원구 특징에 맞는 관리 규칙 및 규정제도와 관리기법 확립	-중국측 투자재단의 주식비율을 35%에서 65%로 조정. 공업원구개발회사의 대주주로서의 책임 및 주요 관리업무 담당 -공업원구 호수 동쪽지역의 개발 착수 -공업원구의 기본 산업체계 형성 -중·싱연합협력이사회 제9차회의: 중국 국무원 부총리 우이(吳儀) '소주공업원구에 4개의 시범구 건설 및 제2차 창업에 대한 의견' 정식 제시	-공업원구의 제2차 창업 추진 및 공업원구의 전환 발전 -향후 5년 동안 공업원구 업무의 중점을 제조업 업그레이드, 과학기술 발전, 서비스업 증가와 생태환경 개선에 맞춤. -소주공업원구의 향후 발전 방향: 1)제2차산업의 경쟁력 강화와 제3차산업 발전의 촉진, 2)중·싱 협력의 강화

자료: 소주공업원구 관리위원회, http://www.sipac.gov.cn/zjyq/yqgk/201402/t20140221_256856.htm.

소주공업원구 발전의 초기단계인 1994-2001년 사이에 소주 지역 전체의 지역총생산액은 7년 만에 17배(기준년도 대비 연 평균 2.45배)가량 증가하였으며, 2001년-2008년 사이의 발전단계에서는 4.6배(기준년도 대비 연 평균 0.65배)가량 증가하였다. 소주 공업원구의 공업총생산액은 같은 기간 초기단계에서 약 10.5배(기준년도 대비 연평균 1.5배) 늘어났으며, 같은 기간 발전단계에서는 7

배(기준년도 대비 연평균 1배)가량 증가했다. 소주공업원구의 실제 외자이용액은 같은 기간 초기단계에서 동안 약 7.6배(기준년도 대비 연 평균 1.1배)가량 늘어났으며, 같은 기간 발전단계에서는 3.4배(기준년도 대비 연평균 0.5배) 증가하였다. 소주공업원구의 수출액은 같은 기간 발전단계에서 17배(기준년도 대비 연평균 2.45배)가량 늘어났다.

<표 3-3> 1994-2010년 소주시 주요 경제지표

지 표	단위	1994	1999	2000	2001	2002	2003	2004	2005	2006	2007	2008	2009	2010	역년누계
년말 호적인구	만명	16.53	16.61	16.96	17.73	21.03	22.29	25.76	27.30	29.66	31.36	32.66	33.94	35.49	–
지역생산총액:	억위안	11.32	74.40	130.48	180.15	251.70	365.10	502.70	580.70	679.52	836.01	1001.52	1085.00	1330.19	–
제1차 산업	억위안	2.93	2.97	2.96	4.10	3.40	3.30	2.80	1.80	2.00	1.80	1.74	1.77	1.88	–
제2차 산업	억위안	6.06	56.05	99.89	137.00	192.49	279.02	382.90	435.80	498.52	597.10	693.95	730.61	879.90	–
공업부가가치	억위안	5.77	45.80	90.42	122.50	165.15	240.82	345.40	378.50	453.52	537.10	627.99	696.73	836.79	–
제3차 산업	억위안	2.33	15.38	27.63	39.05	55.81	82.78	117.00	143.10	179.00	237.11	305.83	352.62	448.41	–
공업총생산액	억위안	35.86	164.21	316.10	375.02	490.25	897.97	1404.50	1652.80	2080.41	2642.14	2999.52	3010.12	3527.95	–
신 외자항목 비준 수:	개	21	78	111	164	314	326	445	443	435	461	359	382	367	4209
중-싱 협력개발구	개	5	38	36	81	143	141	169	158	147	196	125	116	109	1593
투자총액:	억달러	2.52	8.90	10.08	37.88	48.36	58.27	100.78	77.48	75.12	95.34	59.24	49.33	63.53	746.09
중-싱 협력개발구	억달러	2.34	7.48	6.74	30.83	32.28	33.15	58.18	41.95	38.55	55.38	23.54	11.69	28.40	426.21
외자 계약액:	억달러	1.84	8.22	9.73	36.88	17.69	20.87	40.81	38.09	38.29	47.66	30.20	26.95	28.59	402.59
중-싱 협력개발구	억달러	1.72	6.94	6.56	30.22	11.20	11.01	20.70	16.67	14.22	24.12	8.27	5.72	10.77	222.38
실제 외자이용액:	억달러	0.70	8.00	6.32	5.30	9.11	12.05	18.12	15.81	16.00	18.18	18.00	18.05	18.50	189.01
중-싱 협력개발구	억달러	0.65	7.55	5.72	4.13	6.56	6.70	10.14	11.50	9.68	10.58	9.59	9.59	10.04	126.44
중-싱 협력개발구 착공 외자 공업기업 수	개	0	19	18	52	65	45	97	82	54	61	37	15	20	670
중-싱 협력개발구 조업 외자 공업기업 수	개	0	20	19	28	45	58	76	102	57	76	43	20	34	618
수출입 총액:	억달러	0.00	15.70	35.30	37.88	57.40	143.50	281.36	405.55	500.30	568.82	624.67	512.79	738.19	–
수입	억달러	0.00	9.40	20.20	21.36	31.87	83.90	162.51	213.11	249.89	283.73	313.63	271.21	395.00	–
수출	억달러	0.00	6.34	15.10	16.52	25.52	59.60	118.85	192.44	250.41	285.09	311.04	241.57	343.19	–
고정자산투자액:	억위안	6.97	88.80	56.32	64.51	107.53	202.52	281.86	357.10	395.38	416.40	455.01	492.05	550.25	3719.55
제조업	억위안	1.21	64.12	32.23	36.48	50.14	99.54	128.67	153.20	167.79	169.56	169.86	131.51	138.06	1499.71
기초건설	억위안	4.55	13.08	11.55	14.50	31.94	57.13	57.58	58.50	76.85	52.81	39.44	117.05	70.97	663.59
부동산	억위안	0.00	5.07	6.09	7.84	17.50	28.00	62.13	100.10	110.21	124.94	157.18	149.47	190.25	975.38
기타 항목	억위안	1.21	6.53	6.45	5.69	7.95	17.85	33.48	45.30	40.53	69.09	88.53	94.02	150.97	574.02
사회소비품 소매 판매 총액	억위안	6.03	13.97	16.90	20.11	24.73	30.92	40.81	50.20	63.09	74.62	93.64	112.71	171.72	–

자료: 蘇州市統計局, http://2647.jiangsu.8671.net.

이와 같은 소주공업원구의 성장지표들은 소남모델시의 성장 지표를 훨씬 추월하는 것들이다. 소주지역 통계치가 없어 소주시가 속해 있는 아래의 〈표 3-4〉에 있는 강소성의 자료로 유추해 볼 때에 소남모델에 속해 있던 1987년-1991년 기간 동안에 연평균 생산액의 증가율은 기준년도 대비(1987년) 연간 0.66배 증가하였다. 이는 소주공업원구 개발 초기의 연평균 지역총생산 증가율 2.45배에 훨씬 못 미치는 수치이다. 이 기간 동안 소남모델에서 강소성의 평균 생산액은 다소 증가했지만 1990년대에 접어들면서 기업의 숫자가 23.3%(1989년-1991년) 감소하는 수치를 보여주고 있다. 이는 소남모델에 문제가 발생하면서 향진기업들이 무너지며 쇠퇴하는 현상을 반영한 것이다.

<표 3-4> 강소성 향진기업 수와 규모 변동 현황 (부분 년도)

년 도	1987	1989	1991
기업수 (만개)	99.9	107.9	82.8
평균 생산액 (만 위안)	7.9	9.6	20.9
원 고정자산 평균액 (만 위안)	2.0	3.0	5.1

자료: 陳香, 2010년, p.167.

소주 지역 전체와 소주공업원구의 단계 변화 추이를 보면 발전단계에서 보다 개발 초기단계에서 각종 지표가 더 높은 성장률을 나타내고 있다. 이는 싱가포르와의 합작 협력을 통한 외부적 변수의 유입이 기존의 소남모델에 급격한 충격을 주었음을 유추할 수 있게 해준다.

중국의 국가급 개발구 54개 중에서 선두에 있는 6강의 개발구의 지표들과 비교해 보아도 소주공업원구는 지역총생산액과 첨단 및 신기술기업 생산액에서 2011년 기준 양쪽 모두 3위를 차지하고 있다. 그에 비해 ㎢ 당 3차산업 증가액은 1위를 차지하고 있다. 이는 2008년 이후의 서비스산업 확대정책이 효과를 발휘하고 있음을 나타낸다. 따라서 위의 표는 소주공업원구가 2008년 이후 과학기술과 신기술의 발전 및 서비스 산업 확대에 주력하는 전환단계 접어들었음을 표시하고 있다.

<표 3-5> 전국 경제개발구 총생산액 6강의 경제지표 비교(2011년)

경제지표	천진(天津)	광주(廣州)	소주공업원구	곤산(昆山)	대련(大連)	청도(靑島)
지역총생산액 (억 위안)	1,908.45	1,872.39	1,589.66	1,367.58	1,320.58	1,195.61
역년 토지개발누계 면적(㎢)	98.43	49.58	80.00	49.62	40.00	75.70
제3차산업증가치	439.54	514.23	567.51	276.11	310.24	420.28
개발토지 매 ㎢ 제3차산업증가액 (억 위안/㎢)	4.47	10.37	7.09	5.56	7.76	5.55
첨단 및 신 기술기업 생산액 (억 위안/㎢)	2,692.57	1,583.95	2,461.49	3,544.70	812.12	2,759.56
개발토지 매 ㎢ 첨단 및 신 기술기업 생산액 (억 위안/㎢)	27.36	31.95	30.77	71.44	20.30	36.45
전년 말부터 현재 일정 규모이상의 기업수(개)	2,162	1,399	805	708	1,050	633
일정 규모이상의 기업밀도(개/㎢)	21.96	28.22	10.06	14.27	26.25	8.36

자료: 王仲君(2012), p.12.

제4절 소주공업원구와 지역혁신체계

1. 기업가적 정부역할의 전환

1994년 싱가포르와 협력개발에 대한 국무원 비준 이후 소주공업원구는 싱가포르정부의 공공관리 경험에 대한 학습을 통해 계획건설, 경제발전과 공공행정관리 측면에서 정부역할의 변화를 경험하게 되었다. 소주공업원구의 최상위 기구인 연합조정위원회에 중국 부총리와 싱가포르 부총리가 대표 참여하며, 투자 유치 등 공단 운영의 실무는 소주공업원구의 관리위원회가 맡고, 투자 프로젝트의 비준, 해외 투자자에 대한 비자발급 등에 대해 독자적인 권한을 가지고 있다.[47] 특히 소주공업원구의 관리방식은 다음과 특징을 지니고 있다.

첫째, 싱가포르의 공공관리방식을 소주공업원구의 현실에 맞게 수정하여 적용하였다. 특히 도시계획관리를 포함하여 기초 인프라를 구축하고 다음에 토지개발과 건축을 실시함으로써 생산요소의 효율성을 높였다. 또한 법인투자와 은행대출에 대한 위험감수 책임제도, 시장 중개조직 확립 등을 통해 역내 시장경쟁 메커니즘을 구축한 것이다.

둘째, 정부관리체제 개혁의 방향을 제공하는데 시범사례로서의 역할을 하였다. 즉 당정관계에 있어서 소주공업원구 관리위원회는 당기구와 관리위원회의 기능을 명확히 구분하고 당의 리더 역할과 정부의 행정관리기능을 구분한 것이다. 또한 정부와 기업관계에 있어 소주공업원구 관리위원회는 관리자와 서비스의 기능을 함께 담당하는 동시에 주로 서비스 제공에 초점을 두는 역할로 변하였

47) 조선닷컴, 2013년 8월 16일.

다. 따라서 관리위원회는 소남모델에서 문제되었던 정부의 기업가적 역할로 초래되었던 정부와 기업 간의 유착관계를 개선하고, 공업원구의 투자환경 조성에 주력하게 되었다. 또한 소주공업원구는 관리주체와 개발주체를 구분함으로써 기업의 경영활동에 대한 간섭을 없애고, 정부행위를 규범화하게 되었다.

셋째, 소주공업원구는 단순히 초기형태의 마샬적 산업집적지 형태로 개발하는 것이 아니라, 국제경쟁력을 갖춘 첨단과학기술공업원구로서 공업원구의 현대화와 정주환경개선 및 국제화에 주력하였다. 이 과정에서 지역경제 및 사회발전과의 정합성을 높이기 위해 주변 향진지역의 발전과 도시와 농촌의 연계를 강조하는 관리방식으로 지역산업 발전에 기여하고 있다. 특히 소주공업원구는 공상업의 발전을 통해 지역사회 경제발전뿐만 아니라 국가경쟁력 개선에 도움이 될 수 있는 친기업적 생태환경을 조성하는 서비스체계 구축하여 기업에 대한 정부서비스 기능을 강화하고 있다.

중국 정부의 역할은 소주공업원구의 개발계획수립 및 개발 촉진자로서 향후 IC, TFT-LCD, 자동차 및 항공 부품 등의 핵심 산업의 역내 집적시킬 뿐만 아니라, 소프트웨어 및 서비스산업의 외주수탁, 바이오의약, 나노과학기술 등의 신흥 산업의 발전을 추진하고 있다. 즉 소주공업원구는 총 계획면적이 288㎢ 중에서 일부인 80㎢만 중국-싱가포르 협력지구로 개발되어 있으나, 향후 소주시 동쪽의 신산업지구의 지속적 개발을 통해 소주시의 현대화된 중앙상업지구와의 융합적 발전을 촉진하고 있다.

2. 소주시의 지역산업과 지역혁신체계의 유형

소주공업원구의 주요 경제실체는 세계 각국의 다국적기업으로 구성되어 있기 때문에 역내 다국적기업의 자회사와 역외 모기업과 긴밀한 관계는 소주공업원구의 지역혁신체계를 결정짓는 핵심 요소로 작용하고 있다. 즉 역내 다국적기업의 자회사는 산업클러스터 내에 구성주체이면서 역외 글로벌 다국적기업의 해외 지역사업부문의 일원으로서 제품의 교환매매 뿐만 아니라 기술, 지식, 인력의 유동에 결정적인 영향을 미친다. 그리고 소주공업원구내의 다국적기업은 주로 제조활동에 종사하고 있기 때문에 소주공업원구는 산업지구의 유형 중에 생산형 혹은 위성지구형 지식산업클러스터로서의 속성을 띠고 있다.

사실, 소주공업원구 역내에서 다국적기업의 투자는 지역경제 성장의 핵심 동력으로 자금, 기술, 자원, 인력 등의 생산요소를 집적시켜 집적경제효과를 강화하고 있다. 또한 소주시의 다국적기업의 투자로 연관 산업이 발전하고 있고, 이를 통해 전통 제조업에서 첨단 제조업 산업으로의 산업 업그레이드에 기여하고 있다. 그리고 다국적기업의 집적은 산업클러스터 내에서의 산업네트워크를 형성하고 있으며, 그로 인해 소주공업원구의 투자유치과정에서 소프트웨어, 집적회로와 첨단기술 산업과 같은 특정 산업의 발전을 촉진시키고 있다.

그러나 지속적인 변형 모델의 관점에서 볼 때에 소주공업원구는 어떠한 문제점을 지니고 있는가? 다국적기업의 역내 입주시 생산가치 사슬체계에서 상·하단에 위치하고 있는 다국적기업들이 주로 입주함으로써 특정 다국적기업들 간의 생산관계만을 형성하게 된다. 따라서 다국적기업들의 원재료, 설비, 부품 등의 구매에서 소주공업원구의 국내 지역기업을 통해 이루어지는 경우는 2004년 기준으로 극히 일부분인 2.1%에 지나지 않으며, 다국적기업끼리의 거래가 97.9%를 차지하고 있다. 이러한 현상의 이유는 역내 다국적기업의 자회사는 부품 및 원자재 공급사의 선정에 있어 모회사의 통제 하에 있고, 또 소주공업원구 내에 국내 지방기업의 발전이 미약하기 때문이다.[48] 즉 아직 기술수준이 낮은 소주공업원구의 지역기업으로서는 다국적 기업이 원하는 수준의 경쟁력을 갖추지 못했기 때문에 부품 공급에서 차지하는 비중이 작을 수밖에 없다는 것이다.

<그림 3-5> 1999-2007년 소주GDP와 제1, 2 ,3차 산업의 변화

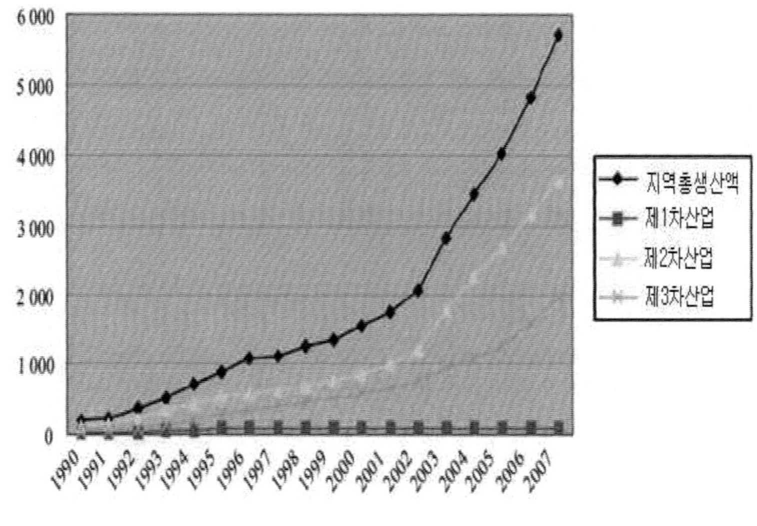

자료: 王文超(2011), p. 149.

48) 任勝鋼, "蘇州産業集群與跨國公司互動關係的實證分析," 『地域經濟』, 1, 2005, p.101.

또한 다국적기업은 주로 생산기지로서 소주공업원구를 활용하고 있고, 이와 관련한 연관 기술과 설비는 주로 모기업에서 제공받고 있고, 소주대학 이외에 다국적기업과 산학협력을 주도할 수 있는 핵심 지역대학도 부재하기 때문에 소주공업원구 역내 지역대학 간의 연구개발 프로젝트나 기술협력도 낮게 나타나고 있다. 즉 세계 유명 다국적기업과 기술관련 연구개발과 인력양성에 있어 지역 대학에 대한 의존도가 낮고, 그나마 역외 주변지역의 대학이나 지역기업간의 산학협력이 이루어지고 있는 정도이다.[49)]

비록 소주공업원구는 역내 공공관리방식의 혁신과 해외 다국적기업의 투자유치를 통해서 역내 관련 산업네트워크를 구성하였으나, 소주공업원구의 발전은 주로 정부 정책적 지원제도에 의존하고 있다. 특히 소주공업원구 역내 지방기업의 기술혁신을 기반으로 하는 경쟁력의 강화나 지역대학의 산학협력 및 지역산업의 자생적 능력의 한계로 허브-스포크형 산업클러스터의 발전과 지역혁신체제의 구축에 제한적이었다. 이러한 환경은 역내 지방기업의 기술역량이 부족하고, 역내 다국적기업의 기술이전과 이에 대한 지역기업의 학습 및 흡수능력이 제한적이라는 점에서도 여실히 나타나고 있다.

소남모델의 한계를 극복하고자 1990년대부터 추진된 소주공업원구의 건설은 David와 Arthur의 기술발전 경로 모델처럼 또 다시 초기형성 조건의 영향(다국적 기업의 역할)의 한계를 벗어나지 못하고 제2차적인 균형상태에 빠지게 되는 것인가? 소주공업원구가 제2차적인 지속적인 변형을 성공시키기 위해서는 역내에 위치한

49) 艾少伟·苗长虹, "異質性 '通道' 與跨國公司地方化結網: 以蘇州工業園爲例," 『地理研究』, 30(8), 2011, p.1491.

지역기업들의 기술수준을 발전시켜서 다국적기업에 부품을 공급할 수 있어야 한다. 이를 위해서는 역내에 유치한 대학분교들의 연구개발(R&D) 기능과 산학협력을 대폭 강화해야 한다. 역내의 지역대학으로는 오직 소주대학 한 곳만 있으며, 이외에 북경대와 청화대의 분교가 있지만 이들 대학은 단지 인문사회계 중심의 인력을 공급하는 역할에만 그치고 있다.

그리고 강소성에 있는 주요 상위권 이공계 대학들은 주로 남경에 집중해 있어 소주와의 연계성이 약하다. 역내 지역기업의 성장을 강화하기 위해서는 지역기업에 대한 인큐베이터제도의 활성화 등 새로운 국가정책의 도입을 통해 소주산업공업원구의 동태적 진화나 산업구조 업그레이드에 이바지해야 한다는 과제를 안고 있다. 향후 이러한 문제점에 대한 보완이 성공할 시에 소주공업원구는 Martin과 Sydow, Schreyögg와 Koch의 지속적 변형 발전경로 모델에 더욱 근접하게 될 것이다.

제5절 소남모델과 소주공업원구

기존의 소남모델에서는 향진기업들이 활성화되면서 발전의 견인차가 되었지만 이는 기본적으로 인민공사처럼 지방정부의 직접적인 관리를 받았기 때문에 자원의 배분과 집행에 있어서 민영화의 경향에 있었던 중국경제에서 1990년도를 기점으로 그 한계를 노출하게 되었다. 이러한 상황 하에서 중국정부는 기존의 정부개입의 폐단을 줄이고 선진 운영기법을 도입하고 대대적으로 외자를 유치하는 전략의 관점에서 싱가포르와 합작으로 양국 중앙정부의 최고위급이 관리하는 제도적 협력체로서 소주공업원의 관리기구와 집행기구를 만들었다. 이러한 시도는 소남모델에서의 지방정부의 영향력을 배제하게 되었고, 선진 싱가포르 정부와의 합작을 통해 중국 중앙정부의 불필요한 간섭을 줄이는 제도적 장치를 마련하였다.

소주공업원구가 과거 소남모델에 속해있던 시기와는 현격히 다른 급속한 성장세를 나타내게 된 배경에는 싱가포르의 선진적인 산업입지 개발 및 운영기법이 크게 작용하였다. 구체적으로는 사회간접자본 시설을 구축하면서 효율적인 토지이용계획을 수립하였으며, 필요한 인력을 제공하기 위한 교육훈련 인프라를 구축하고 입주기업들에 대해 일반 세율의 절반인 15%라는 파격적인 세제혜택을 부여하였다. 그 외에도 신속한 기업지원 서비스 체계와 초고속 물류통관시스템을 완비하였으며, 안정적인 기업복지제도를 마련하였다. 하드웨어 뿐 아니라 산업단지 운영의 소프트웨어적인 측면까지 구비함으로 인해 소주공업원의 도약의 기반을 마련하였다.

소주공업원구의 이러한 변화를 기존의 David와 Arthur의 기술발전 경로모델로 설명하기에는 적합지 않다. 왜냐하면 David와 Arthur의 모델에서는 초기의 조건이 좋든 나쁘든 결정적으로 향후의 발전경로를 제약한다고 보기 때문이다. 그러나 소주공업원구의 발전과정에는 기존의 지방정부가 관리하던 향진기업의 역할을 뛰어넘는 외부의 변수(싱가포르와의 협력체 건설 및 외자유입)가 유입되면서 지속적인 변형 성장이 이루어졌기 때문이다. 따라서 소주공업원구의 발전경로는 David와 Arthur의 기술 경로의존 모델을 수정하여 지역산업 진화과정에 적용한 Martin과 Sydow, Schreyögg와 Koch의 발전경로 모델에 근접한다고 평가할 수 있다. 그러나 역내 지역기업과 다국적기업과의 기술격차로 말미암아 다국적기업의 부품공급선의 97.9%가 다국적기업들 간에만 이루어지고 있다는 문제점이 노정되고 있다. 발전 경로상 이러한 문제점을 해결하고 지속적인 변형성장을 이루기 위해서는 향후에 지역 연구개발(R&D) 기반을 더욱 확충해야 한다는 과제를 안고 있다고 사료된다.

〈참고문헌〉

艾少伟·苗长虹, “異質性‘通道’與跨國公司地方化結網: 以蘇州工業園爲例,” 『地理研究』, 30(8), 2011.

陳香, “‘蘇南模式’制度變遷”, 『城市與區域計劃研究』, 1, 2010.

任勝鋼, “蘇州産業集群與跨國公司互動關係的實證分析,” 『地域經濟』, 1, 2005.

陸建洪·宋平偉, “蘇州工業園區政府管理新范式探析,” 『高職論叢』, 15(1,2), 2009.

杭雪花·施琴芬·聞曙明, “産業集群與區域創新環境互動關係研究: 以蘇州爲例”, 『研究與發展管理』, 17(6), 2005.

唐岳良·陸陽), 『蘇南的變革與發展』, 北京: 中國經濟出版社. 2006.

黃亮, "苏州市经济发展模式转型研究, " 『财经视点』, 3, 2011, 154.

王文超, “蘇州市經濟增長動因分析及優化建議”, 『經濟研究導刊』, 12, 2011.

汪波, "制度变迁与比较制度优势: 苏南发展模式双重循环中地方府功能变迁," 『Journal of US-China Public Administration』, 3(6), 2006.

王仲君, “苏州开发区深度开发与发展战略转型研究", 『苏州科技学院学报(社会科学版)』, 28(1), 2012.

蘇州市行政區劃, http://baike.baidu.com/picview/2239/2239/0/3ac79f3df8dcd1002f8de3a6728b4710b9122f27. html#albumindex=5&picindex=9.

苏州市统计局, http://2647.jiangsu.8671.net.

조선닷컴, 2013년 8월 16일.

Bjorn T. Asheim, Helen Lawton Smith & Christine Oughton, "Regional innovation systems: theory, empirics and policy," Regional Studies, 45(7), 875-891, 2011.

Boschma, R. and Ron Martin eds., Handbook of Evolutionary Economic Geography, Cheltenham: Edward Elgar. 2010.

Du, Zhixiong and Yoichi Izumida, "Does property right transformation improve township and village enterprises performance?," China & World Economy, 14(1), 85-101, 2006.

Griffith, R., Stephen Redding, J. Van Reenen, "R&D and absorptive capacity: theory and empirical evidence," Scandinavian Journal of Economics, 105(1), 99-18, 2003.

Inkpen, A. C. and Wang P., "An examination of collaboration and knowledge transfer: China-Singapore Suzhou Industrial Park, Journal of Management Studies, 43, 779-811, 2006.

Ma, Ronghua, Chaolin Gu, Yingxia Pu and Xiaodong Ma, "Mining the urban sprawl pattern: a case study on Sunan, China," Sensors, 8, 6371-6395, 2008.

McCann, Philip and Stephen Sheperd, "The rise, fall and rise again of industrial location theory," Regional Studies, 37(6&7), 649-663, 2003.

Martin, Ron, "Path dependence and regional economic evolution, Journal of Economic Geography, 6, 395-437, 2006.

Martin, Ron and J. Simmie, "Path dependence and innovation in city-regions", International Journal of Innovation Management, 10, 183-196, 2008.

Martin, Ron, "Rethinking regional path dependence: beyond lock-in to evolution", The 2009 Roepke Lecture in Economic Geography, Economic Geography, 86(1), 1-27, 2010

Ngo, Victor, "Globalizing Suzhou: exogenous growth and Chinese urban development," http://cloud.daum.net/disk/viewer/viewfrm.daum?with-page=true&folderid=15xozg&fileid=7o6ToW.

Oi, J., "The role of the state in China''s transitional economy," China Quarterly, 144, 1132-1149, 1995.

Pereira, A., "The Suzhou Industrial Park Project(1994-2001): the failure of a development strategy," Asian Journal of Political Science, 10(2), 122-142, 2002.

Pereira, A.. "The transformation of Suzhou: The case of collaboration between the China and Singapore governments and transnational corporations(1992-1999)." In J. Logan (ed.), The New Chinese City: Globalization and Market Reform. Oxford: Wiley-Blackwell, 121-134, 2011.

Porter, Michael, "Clusters and the new economics of competition," Harvard Business Review, 76(6), 77-90, 1998.

Sonobe, Tetsushi, Hu, Dinghuan, and Otsuka, Keijiro, "From inferior to superior products: an inquiry into the Wenzhou

Model of industrial development in China," Journal of Comparative Economics, 32(3), 542-563, 2004.

Sydow, J., Schreyögg, G., and Koch, J., "Organizational paths: path dependency and beyond," Paper given at 21st EGOS Colloquium, Berlin: Germany, 2005.

Wader, A. G., "Local governments as industrial firms," American Journal of Sociology, 101, 263-301, 1995.

Wei, Y.H.D., I. Liefner, and C.H. Miao., "Network configurations and R&D activities of the ICT Industry in Suzhou Municipality, China. Geoforum, 42(4), 2011, 484-495, 2011.

Wei, Y.H.D., Lu, Y., & Chen, W., "Globalizing regional development in Sunan, China: does Suzhou Industrial Park fit a neo-Marshallian district model?," Regional Studies, 43(3), 409-427, 2009.

Wei, Y.H.D., "Beyond new regionalism, beyond global production networks: remaking the Sunan model, China," Environment and Planning C: Government and Policy, 28, 72-96, 2010..

Zou, J., Zhang, L., Chen, M., & Zhang, J., "The urban function of Suzhou on basis of the Shanghai-Suzhou relationship," Chinese Geographical Science, 11(3), 233-240, 2001.

제4장 대만 신죽과학공업단지의 발전 역사

제1절 대만 신죽과학공업단지의 개요

국제적인 과학산업단지 발전의 조류에 부응하여 대만은 1980년부터 처음으로 과학연구단지 - 신죽과학공업단지 구축을 시작하였다. 이는 실리콘 밸리의 성공 경험을 모방하여 대만에서 뿌리박고 성장하기 시작하였다. 신죽과학공업단지(Hsinchu Science Park)는 26년의 발전과정을 거쳐 이미 대만의 과학기술산업의 중심으로 고품질의 연구개발, 생산, 업무, 생활, 휴식을 포함한 인간 중심의 생활환경의 구축뿐만 아니라「단일창구」라는 서비스 체제를 설립하여 하이테크 산업이 전력으로 산업의 발전에 노력하도록 하였다. 그리하여 국내 공업기술의 개발을 고무격려하고 하이테크 산업의 발전을 배양하고 추진하는 목표를 달성하였다. 신죽과학공업단지 발전의 성공적인 경험과 지역발전과 국토건설 정책의 실행 및 산업발전의 진일보 제고 등 효과는 첨단기술 산업의 군집(Clustering)효과를 증명하는 세계적인 사례 중 하나이다.

<그림 4-1> 신죽과학공업단지의 위치

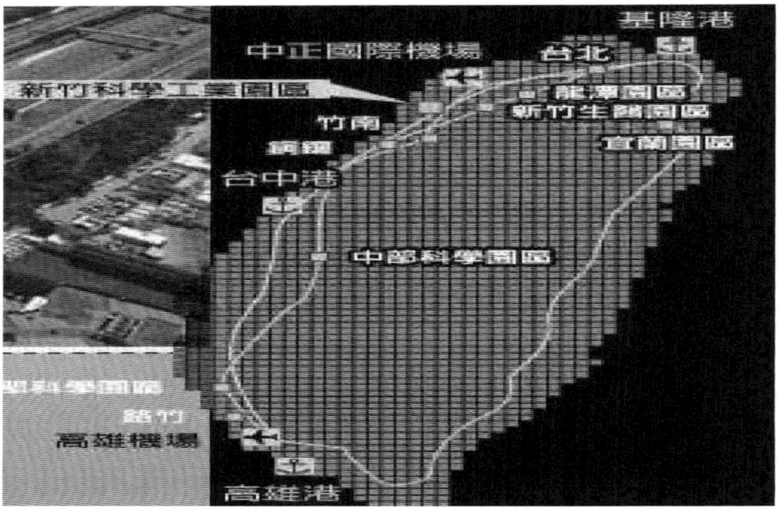

자료: http://www.sipa.gov.tw

대만의 과학산업단지의 분포현황은 북부, 중부, 남부 3개의 핵심 과학산업단지(Core Park)와 8개의 부속위성 과학산업단지(Satellite Park)로 구성되었으며 대만폐 4조원(元)을 초과하는 투자를 유치하였다. 신죽과학연구단지는 신죽과학연구단지와 죽남(竹南), 동라(銅锣), 용담(龍潭), 신죽생명공학(新竹生醫,) 의란(宜蘭) 등 6개 단지와 5개의 위성연구단지로 구성되었으며 토지개발 면적은 1300헥트아르에 달한다. 여기에서 파생된 중부과학단지는 대중(台中)단지, 호미(虎尾)단지, 후리(後里)단지로 구성되었으며 부지가 770헥트아르에 달한다. 그리고 파생된 남부과학산업단지는 대남(台南)연구단지와 고웅(高雄)단지로 구성되었으며 부지는 1600헥트아르를 초과한다. 11개 연구단지의 총부지면적은 3700헥트아르를 초과하며 대만의 「첨단기술 실리콘 밸리」가 조성되었다.

<그림 4-2> 대만 과학공업단지 분포도

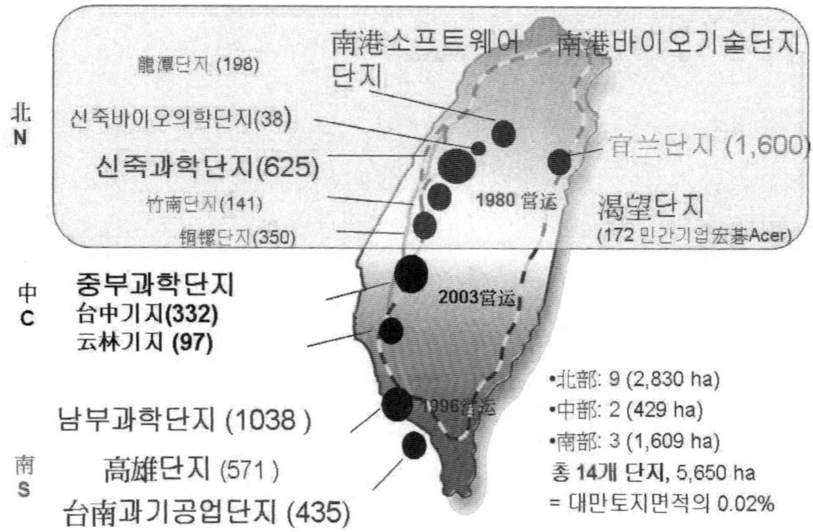

자료: http://www.sipa.gov.tw.

제2절 대만 신죽과학공업단지의 형성과정

신죽과학공업단지(新竹科學工業園區 : Hsinchu Science-based Industrial Park)는 고도 기술 산업과 과학 기술 인재를 유치하여 산업의 연구 개발과 기술 혁신을 자극하고, 고도 기술 산업의 발전을 촉진하기 위해 조성되었다. 즉 고도 기술 산업의 육성과 과학 기술 인재를 양성하여 대만 경제의 발전을 촉진하는 데 목적을 두고 조성되었다. 대만 정부는 1979년 신죽단지 설치를 전담하는 국가과학위원회를 구성하고 이어 '과학공업원구설치관리조례'를 제정하였으며, 신죽단지관리국을 설립하는 등 제도와 추진 주체를 정비하여 1980년부터 개발에 착수하였다. 총면적 2,000헥타르 중에서 1997년 말 580헥타르에 달하는 3단계까지의 개발이 완료되었고, 4단계 개발이 진행 중이다.

입지 여건은 타이베이(臺北)남쪽 70km정도 거리에 있어 타이베이에서 자동차로는 1시간, 장지에스(蔣介石)국제공항에서는 40분, 남부의 타이중(臺中) 항과 북부의 지룽(基隆)항에서는 2시간이면 도착할 수 있다. 조성 형태는 미국의 실리콘밸리를 개발 모델로 삼아 신죽단지 중앙으로 고속도로가 관통하고 고속도로 주변에 연구 개발형 기업, 벤처기업, 국립청화대학, 국립교통대학, 공업기술원(ITRI) 등을 집중시켜 지식과 정보 교류의 망을 형성하도록 배치하여 개발하였다. 기본적으로 신죽단지 내의 토지 이용 계획은 크게 산업지역, 연구 개발 지역, 주거·여가 지역으로 구분하여 개발하고 있다. 이중 산업 지역에는 기업 등 산업 생산 기능과 은행, 관리국, 보세 창고, 하수 처리장 등 생산 지원 기능이, 연구 개발 지역에는 청화대학, 교통대학, 공업기술원 등이, 주거 지역에는 기숙사, 아파트 등 주거 시설과 인공 호수, 병원, 학교, 서점, 식당, 레크리에이션 센터 등 생활 편의 시설이 자리하고 있다.

신죽단지에는 정부출연 연구기관과 대학, 그리고 첨단기업이 공존하고 있다. 연구기관 가운데는 1973년 설립된 ITRI(Industrial Technology Research Institute)라는 연구소가 1976년에 신죽에 입주하여 가장 핵심적인 연구기관, 혹은 기술 전수기관으로 기능하고 있다. 신죽은 전체적으로 다섯 개의 연구소를 포함하고 있는데 그 연구기관들은 총 4000명의 엔지니어를 고용하고 있다. 그 가운데 가장 큰 것이 850명의 기술인력을 고용하는 전자공업연구소(Electronics Research and Service Organization: ERSO)이다. 신죽은 미국으로부터 기술과 경영기법을 이전해 오는 것을 주 목표로 조성된 과학공원인 만큼 1970년대 중반에는 과학자를 1-2년간 미국으로 보내서 RCA 등으로부터 칩 만드는 기술을 이전 받았다. 신죽단지로 기업들이 입주하게 되는 주 이유는 정부와 밀접한 연계를 가지기 위한 것이 가장 크게 작용하고 있고, 또한 정부로부터 세금감면이 클 뿐만 아니라 숙련된 인력을 활용하기가 쉽고 부품 공급자 및 고객과의 네트웍 형성이 용이하기 때문인 것으로 파악된다.

<그림 4-3> 신죽과학공업단지의 교통

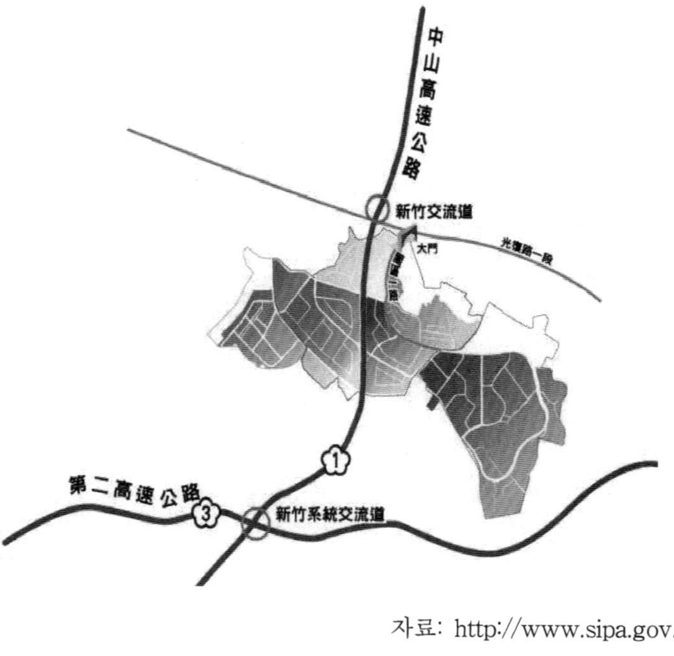

자료: http://www.sipa.gov.tw

신죽단지는 1989년까지 총 70개 정도의 기업에 17,000명이 고용되어 있었다. 그 후 입주업체와 고용인원이 지속적이면서도 크게 증가하여 1998년 6월까지 총 259개의 기업체에 70,930명의 고용자를 유치하는 규모로 성장하였다. 그 가운데 국내 기업은 총 211개 회사이고 외국기업이 48개에 해당된다. 외국기업으로는 미국이 32개로 가장 많고, 아시아가 10개, 유럽이 6개를 차지하고 있다. 대표적인 기업으로는 Acer Incorporated외에도 Taiwan Semicondoctor Manufacturing Co(TSMC), United Microelectronics Corp(UMC), Macronixn International Co., Winbond Electronics Corp. 등 굴지의 회사들을 들 수가 있다.

따라서 신죽과학공업단지가 세계에서 성공적인 과학공업단지 중의 하나라고 인정받을 수 있는 원인은 구축 시기와 환경과 밀접한 관계가 있다. 2006년 현재 신죽단지에서 1인당 총생산액은 대만폐 900만 원(元)이며 대만의 일반 제조업의 2.5배에 달한다. 신죽단지의 영업금액이 전국제조업 영업금액의 1/10을 차지할 수 있는 핵심적 요소는 신죽단지의 경쟁력이다.

신죽과학공업단지는 신죽과학공업단지와 죽남(竹南)단지, 동라(銅锣)단지, 용담(龍潭)단지, 신죽생명공학(新竹生醫)단지, 의란(宜蘭)단지 등 6개로 구성되었다. 현재 많은 기업들이 신죽(新竹), 죽남(竹南), 용담(龍潭) 등 단지에 진출하여 운영을 시작하였고 2006년말까지 하이테크기업 395개, 종사자수가 117,851명에 달하며, 2006년도 대만폐 영업금액 11,209억 원, 실수입 자본금 11,600억 원에 달하였다.

신죽단지의 부지는 625헥터아르로 단지 내 산업은 주로 반도체 산업과 광전자산업이다. 연구단지 내 사업자 중 공학연구원과 청화대학과 교통대학(清交大)에서 파생된 기업이 50개를 초과였다. 즉 대학과 과학공업단지의 밀접한 의존관계를 볼 수 있다. 인력측면에서는 하이테크 인재의 밀집도가 높고 연구개발과 공정기술 발전에 종사하는 첨단기술 인력이 32%를 차지하며 생산제조와 경영지원과 영업판매 인력은 68%를 차지한다. 교육 및 학력을 볼 때 전문대 학력자가 66%를 차지하고 대졸 44%를 차지하며 석사학위를 취득한자는 23000명, 박사학위 취득자는 1300명에 달하며 해외유학파는 석, 박사를 통합하여 4263명에 달한다.

제3절 대만 신죽과학공업단지의 형성·발전요인

대만은 세계의 국가들이 실리콘밸리를 알기도 전에 1960년대와 1970년대에 실리콘밸리를 방문했다. 이를 통해 실리콘밸리의 경험을 학습하였고, 미국에서 교육받은 대만의 엔지니어가 대만 지역사회에 기술과 산업정책에 대한 조언을 주는 메카니즘을 제도화하기 시작하였던 것이다. 특히 1970년대와 1980년대 대만의 정책들은 즉 과학기술을 중심으로 한 산업의 발전을 강조하거나 공공 연구부문을 사적부문으로 신속히 전환하며, 또 국내 벤처캐피탈산업의 창업 및 혁신에 중심을 두면서 실리콘밸리 모델을 대만에 구축하기 시작하였다.

<그림 4-4> 대만 공업의 발전 연혁

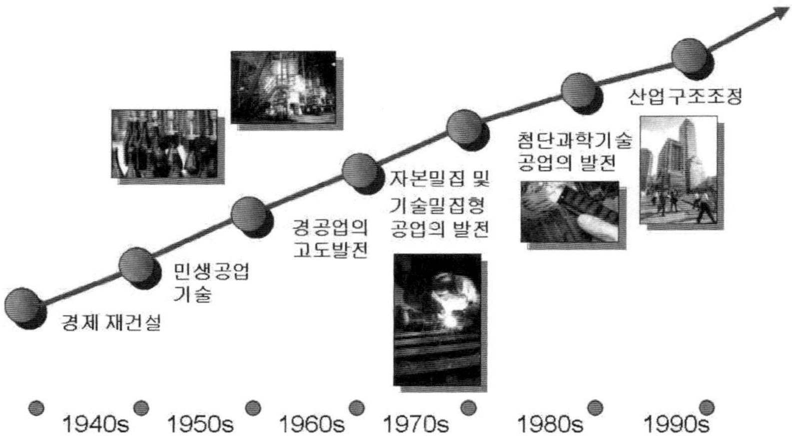

대만은 실리콘밸리와 유사하게 신죽(新竹)지역에 과학기술산업단지와 대만 벤처캐피탈산업을 설립하였다. 1980년대에 국가과학위원회(NSC)는 연구중심 기업에 외국과 해외 화교의 투자를 유치하기 위해 신죽 과학기술단지를 후원하였다. 신죽단지에는 국립교통대학과 청화대학과 같은 과학기술 대학이 위치해있고, 또 전자공업연구소(ERSO)의 연구Lab이 신죽지역으로 이동하였다. 해외에 있는 대만 과학기술자를 국내로 불러들이기 위해 대만정부는 정부소유 은행이 합자벤처 지분의 49%까지 투자하도록 하였고, 신죽단지 행정당국은 최대 22%의 세율을 5년간 면제해주는 방식으로 연구중심 기업에게 관대한 세금특혜를 제공하였다.

또한 대만의 재무부는 1980년대 초 연구개발 상품에 대한 기금을 조성하고 공공 자본시장을 발전을 촉진하기 위해 대만 벤처캐피탈 산업의 제도적 틀을 혁신하였다. 정부는 전략적(기술중심)산업의 육성을 목표로 하는 벤처캐피탈 기금에서 개인과 합자 투자자들에게 20%의 세금감면을 제공하였다. 위험부담을 싫어는 대만의 금융과 산업사회의 자본보유 확대 요구에 대해서는 대만 정부는 대만의 벤처기업 설립을 위해 해외 화교 투자를 유치하였던 것이다.

신죽단지는 비교적 성공적으로 조성된 것으로 판단되고 있다. 무엇보다도 중요한 것은 단지내 위치한 연구기관 및 대학으로부터의 창업효과, 혹은 Spin-off효과가 크며, 생산, 연구, 대학기능간 활발한 교류, 즉 네트웍이 형성되어 있다는 것이다. 한국의 대덕연구단지, 혹은 일본의 쭈쿠바에 비해 생산기능이 매우 크기 때문에 일부 학자들은 신죽단지를 첨단과학산업단지로 성공했다고 보기 힘들다고 한다. 즉, 순수한 연구단지의 성격이 부족한 것은 사실이다. 그러나 미국의 실리콘 벨리를 모델로 막대한 자금을 투자해서 조성한 일부 과학단지, 즉, 일본의 쭈꾸바, 한국의 대덕, 혹은 프랑스의 앙티 폴리스와 같은 연구단지에서 보기 힘든 네트워크 형성되었다는 점에서 신죽과학공업단지는 성공적이라고 판단해야 할 것이다. 이외에도 신죽과학공업단지는 다음과 같은 점에서 긍정적인 평가를 받고 있다.

- 과학공업단지내 자연경관을 잘 조성했다.
- 정부가 훈련기능을 추가하여 Job 트레이닝 기능이 있다.
- 정부출연기관의 예산의 50%는 민간기업과의 계약제 연구를 유도하여 연계를 촉진하고 있다.
- 대학과 연구기관간의 상호교류행사가 많다.

대만의 과학공업단지가 성공한 첫 번째 요인으로는 국제적·개방적인 우수인력의 유치를 들 수 있다. 과학 단지의 개발 초기에서부터 실리콘밸리에서 활동하고 있는 중국계 고급 인력을 대량 유치하였고, 지속적으로 늘려나갔다. 나아가 이들 유치 인력이 신죽에 정착할 수 있는 여건을 조성하였다. 이를 위해 이곳에 이들 유치 인력이 활동하기에 적합한 교육[50] 문화시설을 구축하였고 나아가 젊고 자유분방하며 도전적이고, 평등한 조건에서 경쟁하면서 정보를 공유하는 실리콘밸리의 벤처 문화와 중국 문화가 조화를 이룬 세계화된 문화 기반이 형성되도록 추진하였다.

둘째, 생산과 연구 기능을 한 곳에 집적하였다. 신죽단지를 첨단산업 생산 지향적으로 설계하면서 연구 개발 기능이나 인재 양성 프로그램과 결합하였다. 대학 교수가 기업체의 부사장이 되고, 연구소의 연구원이 대학에 출강하며, 대학원생이 연구 보조원으로 근무하는 등 대학, 연구소, 기업체가 긴밀히 연계된 개방형 연구 체제를 구축하여 연구가 생산으로, 생산이 다시 연구로 피드백 될 수 있는 네트워크 시스템을 갖추고 있다. 한편, 관리국에서는 대학, 기업, 공업기술원간의 교류를 촉진하기 위해 연구 개발 자금 지원 등 다양한 지원프로그램을 제공하고 있다.

셋째, 대만 정부가 강력한 리더십과 지원책을 제공하였다. 자연 발생적인 과학 기술 집적지가 아니라 정부나 대학 등에서 계획적으로 조성한 집적지가 성공하려면 추진 주체의 리더십이 필요한데, 신죽단지에서도 대만 정부가 강력한 리더십을 발휘하였다. 국가 차원에서 단지 조성, 해외두뇌의 조직적 유치, 특별법 제정 등 제도적 기반 정비, 조세·금융 지원 등 지원 체제를 갖추고 있고, 실무 추진 주체인 관리국은 단지 내 ATM 정보망을 구축하여 전자서류 송달, 통관 절차 일괄처리를 위한 관세 자동결제 등이 이루어지고 전자쇼핑, 원격교육, 화상회의 서비스 등도 제공하고 있다.

---

50) 단지내의 학교들은 실리콘 밸리에서 유치된 해외 인력의 자녀들이 영어로 공부할 수 있는 학교를 설치하여 운영하였다.

넷째, 공업기술원(ITRT)이라는 연구와 생산의 교량 역할을 하는 연구소의 존재를 들 수 있다. 신죽 지역에 첨단 산업 단지를 조성하고자 했을 때의 큰 이유 중의 하나가 바로 공업기술원이 있었기 때문이다. 공업기술원은 첨단 산업에 대한 지원과 재래 산업의 경쟁력 향상을 목표로 개발 기술을 민간 기업에게 이전하는 데 초점을 두고 있다. 공업기술원 중에서 특히 전자공업연구소(ERSO)가 신죽단지의 성장에 실질적인 기여를 하고 있다. 개발된 기술이 민간 기업에게 이전될 수 있도록 세미나, 교육 훈련 프로그램 등을 마련하고, 소속 엔지니어의 창업을 지원하고 있다.

제4절 대만 신죽과학공업단지의 현황

1. 대만 신죽과학공업단지의 현황

대만의 신죽과학공업단지 내에는 산업시설, 연구시설, 교육 및 훈련시설, 휴양공간, 주거공간 등이 입주해 있다. 한국의 대덕연구개발특구에 비해 이들간의 교류, 즉 네트워크가 활성화되어 있다. 즉, 과학단지 조성 전부터 이 지역에 입지해 있던 ITRI와 같은 연구시설로부터 새로운 기업이 창출되었고, 단지에 인접한 대학으로부터도 스핀 오프가 활발하게 추진되고 있는 바, Acer가 바로 국립 교통대학의 전자공학과 출신자로부터 창업되어 세계적인 기업으로 성장한 기업의 대표적인 예이다. 단지에 입주한 교육, 혹은 연구기관과 산업시설간의 교류도 활발한데, 단지내 입주한 정밀기기 센터의 경우 박사학위 소지자 총 19명 가운데 16명이 청화대학과 교통대학 출신이다.

1998년 6월까지 신죽단지내에 3,149명정도의 고급인력이 해외로부터 유치되었고 이들에 의해 설립된 기업은 총 104개이다. 그 기업의 수는 단지내 총 기업수의 40%에 해당되는 것이다. 신죽과학공업단지에 입주된 회사의 대표적인 예로 Acer, TSMC, UMC, Macronixn International Co., Winbond Electronics Corp. 등이다. 신죽과학공업단지 내의 이러한 기업에 연구요원으로 근무하는 이들 중 상당수는 대학에 출강하고 있고, 인근 대학의 대학원생들은 기업의 부설연구소에서 보조원으로 활동하고 있다. 또한 대학과 연구소간에는 공동연구가 많이 이루어지고 있으며, 대학은 기업의 연구기술인력 및 해외인력에 대한 교육도 실시하고 있다.

한편 중앙정부의 하부기관으로 현장에서 활동하고 있는 '단지관리국' 은 1998년 현재 총 200명의 사무직원과 또 다른 200명 정도의 경비, 조경, 청소 등의 시설관리요원을 고용하고 있다. 이 관리사무국은 One-Stop Service, 국내외 네트워크, 관세에 관한 서비스, 기술훈련(OJT)등은 물론, 단지설계 및 투자유치, 컴퓨터망 지원, 의료 및 위생서비스 등 공원내 일체의 서비스를 책임지고 있다. 원스톱 서비스의 경우 하나의 기업에게 허가를 내주는데 3개월이면 된다고 한다.

신죽단지는 전체 계획면적 638헥터아르에서 296헥터아르를 산업용지로, 그 나머지는 주거, 여가 및 사무용지로 개발할 계획이다. 신죽단지가 컴퓨터 주변기기, 통신 및 광학기기 등을 중심으로 성장하고 있는데 비해 대남과학단지는 농업 및 생명공학, 반도체, 전자공업 등을 위한 단지로 개발하고 있다. 따라서 이 두 첨단산업단지간에는 확실한 네트워크가 조성되지는 않을 것으로 기대된다. 그러나 대남과학단지를 신죽의 성공적인 경험을 토대로 조성되고 있다. 따라서 계획 및 관리 측면에서 이 두 단지간에는 어느 정도의 네트워크가 형성될 수 있고 또 이 두 단지는 모두 동일한 중앙정부에 의해 주도되고 있기 때문에 네트워크가 부분적으로는 이미 조성되어 있는 것으로 판단된다.

신죽단지는 애초부터 미국에 진출한 자국민(自國民)의 연구능력과 자금을 유인하기 위해 계획되었다. 따라서 설립 초기부터 실제로 미국내 거주하던 대만인 기업가들이 신죽단지에 기업을 설립하는데 많이 기여하였고 지금까지 그 연계를 유지하고 있다. 또한 현장에 나와 있는 "단지관리국"은 해외사무소를 설치하여 부단히 투자를 유치하고 있으며, 단지관리국내에서도 해외 투자를 유치하기 위한 조직을 갖고 활발하게 활동하고 있다. 뿐만 아니라 기업체 자체적으로도 미국의 실리콘 벨리 등과 같은 선진 산업지역에 현장 사무소를 설치하여 선진기술을 도입하고 있다.

그러나 신죽단지에도 문제점이 없는 것은 아니다. 즉 세금징수, 성장의 과실의 수혜, 민원처리 등을 놓고 중앙정부의 집행기구인 관리사무소와 지방정부간의 마찰이 계속되고 있을 뿐만 아니라 현재까지는 과학단지의 성장으로부터 신죽지방의 경제가 크게 혜택을 입지 못하고 있다는 것도 마찰의 원인이 되고 있다. 또한 신죽은 대북의 주변부로 생산공장 및 일터로서만 기능하고, 고급 문화생활, 교육, 소비생활, 주거 등은 주로 대북에서 이루어지는 경향이 강하다. 심지어는 과학기술에 관련된 정보도 과학공원이 있는 신죽에서가 아니라 대도시인 대북에 가서 구하는 경향도 있다. 이러한 측면은 현재 대덕연구개발특구가 직면하고 있는 문제와 유사하다 하겠다.

2. 대만신죽과학공업단지의 입지조건

신죽과학공업단지는 타이베이 대도시권에서 70km이상 떨어진 곳에 위치하지만 컴퓨터 산업의 입지에서 입지여건은 비교적 양호하며, 불리한 조건들은 지속적인 투자를 통해 개선되어 왔다.

신죽단지 내 공간적 배치방식도 IT산업의 생산기지로서 매우 적합하게 계획·조성되었다고 판단된다. 신주단지는 기업들이 가로를 따라서 조밀하게 연접하도록 하였는데, 이러한 배치방식은 기업간 동선을 줄이고 기업 네트워킹을 용이하게 한다. 단지개발 과정에서도 처음부터 대규모로 부지를 개발하지 않고 점진적으로 단지규모를 확대해 나갔는데, 그 결과 생산네트워크의 효율성과 인프라스트럭처의 기능성을 제고할 수 있었다.

신죽단지 개발에서 주도적 역할을 하고 있는 것은 대만 정부가 설립한 과학단지관리국이다. 단지관리국은 단지조성, 기업유치, 기업경쟁력 제고와 관련되는 주 관리센터로서 활동하고 있는데, 시설계획, 투자서비스, 노동력관리, 건축, 토지관리, 의료지원, 창고, 환경보호, 긴급구호, 안전관리 업무 등 제반 업무를 담당하고 있다.

과학단지관리국의 업무를 분야별로 살펴보면 다음과 같다. 과학단지관리국은 장기적이고 안정적인 수도와 전기의 공급을 유지하기 위해 우선적으로 노력하고 있다. 신주단지의 용수 소비는 급증하고 있는데 그간 일일 최대 용수 수요는 약 11만 톤이었지만 2004년에는 17만 5,000톤에 이를 것으로 예상된다. 수자원국은 향후 예상되는 용수수요를 충족시키기 위해 제2댐 건설을 서두르고 있다. 신주단지의 시간당 전력소비는 현재 85만kw이지만 2008년에는 149만kw에 이를 것으로 전망된다. 따라서 궁극적으로 단지가 스스로 최고 65만kw를 공급할 수 있도록 발전소들이 건설되고 있다. 또 전력공급의 질을 높이기 위해서 단지관리국은 전력 기기와 설비를 개량하고 있다.

단지관리국은 안전과 위행에 관한 규정을 만들어서 기업들이 준수하도록 권장해왔다. 단지관리국은 또한 산업쓰레기를 재활용하고 재사용하여 쓰레기를 최소화하도록 하고 있다. 단지의 폐수처리시설과 하수시스템은 ISO 14001 환경관리시스템에 따라 설립되었다. 일일 폐수처리량이 5만 5000톤까지 증가함에 따라 2002년 6월에 폐수처리시설을 증설하였다. 또, 폐수공정을 개선하기 위해 CCTV감시 시스템을 2002년에 완공하였다.

단지관리국은 단지 내 첨단기업들을 위해 다양한 전자통신 설비와 부가가치 서비스를 설치하고 있다. 단지관리국은 더 나은 전자통신 서비스를 제공하기 위해 HSP 전자통신서비스센터 설립을 추진 중이다. 이 센터는 단지의 전자통신 네트워크의 중추로서 기능할 것이다.

교통체증시간 동안에 발생하는 교통문제를 해결하기 위해 단지관리국은 단지 내 주요 도로의 확장과 더불어 손문고속도로와 연결되는 교차로를 건설하려 하고 있다. 단지 내 주차 문제를 해결하기 위해 주차장을 대폭 확충하였고, 단지 내에 대중교통 시스템이 도입되면서 교통문제가 다소 완화되었다. 2002년 11월에 신주단지와 타이베이, 타이쭝을 연결하는 새로운 버스노선이 개설되었다. 나아가 신주시는 신주시내와 신주단지를 연계하는 경전철 계획을 추진하고 있다. 이 전철이 완성된다면 신주시와 신주단지 간의 통근은 더욱 확대될 것이며, 신주시의 발전도 가속화될 전망이다.

단지관리국은 문화적 환경의 조성에도 적극적이다. 첨단기술의 개발은 인간 지향적이어야 한다는 관점에서 단지관리국은 무용단, 락밴드, 오페라공연행사를 조직하고 국립문화센터와 음악회, 강연회 등을 공동으로 개최해왔다. 또한 아크톤(Accton), TSMC, 어플라이드 머티리얼 타이완(Applied Material Taiwan)과 같은 단지내 기업들은 자체 문화재단을 통해 다양한 문학, 예술, 오페라, 음악, 영화 등의 프로그램을 제공하고 있다. 2002년에는 기술과 문화 사이의 균형을 이룬 도시를 만들기 위해 아이씨라디오(IC Radio)라는 라디오 채널을 개설하기도 하였다.

제5절 대만 신죽과학공업단지의 시장 및 기술적 특성

1. 대만 신죽과학공업단지의 시장 특성

신죽단지의 성격은 순수 연구단지라기 보다는 공업생산단지에 가깝다. 그러나 과학공원에 입주한 기업체들의 R&D에 대한 투자는 대단하다. 인력 측면에서 볼 때 전체 고용인력의 5.4%가 R&D에 종사하고 있고 총 매출액에 대한 R&D의 지출비중은 13.9%에 해당된다. 분야별로는 생명공학 분야에 특히 고용인력 및 판매수익 대비 지출비중이 큰 것으로 파악된다. 신죽 과학단지에 투자하는 액수는 해마다 크게 증가하고 있다. 절대 액수로는 반도체나 PC부문을 비롯한 거의 모든 부문이 크게 증가하고 있고, 2005년의 경우를 기준으로 볼 때 반도체 부문의 투자가 가장 많아서 대만폐 총 54,065백만 원(元)이 투자되었고, 그 다음 많은 PC부문으로 1년 동안 4,684백만 원(元)이 투자되었다.

<표 4-1> 신죽(新竹)의 년도별 R&D 지출 현황

	연구경비(백만 元)						연구경비/영업액(%)					
	2000	2001	2002	2003	2004	2005	2000	2001	2002	2003	2004	2005
집적회로	26,268	44,335	48,364	46,755	47,671	54,065	4.5	11.8	10.6	8.3	6.4	7.9
컴퓨터 및 주변기기	6,060	6,443	4,608	4,570	5,907	4,684	2.9	4.0	3.7	3.4	4.3	4.6
통신	2,363	3,367	3,337	2,203	2,597	2,334	4.6	6.0	5.9	3.9	4.3	4.8
광전자	4,214	4,427	3,002	4,630	6,296	5,379	4.6	7.1	5.0	4.9	4.8	3.9
정밀기계	380	101	194	256	515	610	5.1	2.1	3.6	4.4	5.6	6.2
생명공학	780	265	402	443	412	438	65.1	19.85	28.4	24.1	16.2	14.6
합계	40,064	58,938	59,907	58,866	63,397	67,510	4.2	8.9	8.5	6.8	5.8	6.8

자료: 신죽과학공업단지관리국(2006), 「통계계보」

현재 첨단기술산업은 글로벌경영과 산업분공의 공급체인사슬의 추세로 단일 기업으로는 인력, 물력, 자금, 기술 등의 경쟁시대를 지탱하기가 어렵다. 중국은 점차적으로 세계의 공장으로 형성되고 있다.

대만의 하이테크 기업은 경쟁력 우세를 유지하기 위하여 하이테크 제조업을 중국내륙이나 관련국으로 이주하고 연구개발의 발전을 대만에 남기여 탄력이 있는 기업경영 능력을 구현하여야 한다는 과제를 안고 있다. 동시에 대만정부는 국가경쟁력의 각도에서 첨단기술에 관한 정책으로 기존의 「과학연구단지」 뿐만 아니라 시기에 맞는 변화와 정책을 구상하고 있다. 따라서 대만정부는 「첨단기술의 실리콘 아일랜드」 의 형성을 목표로 적극적으로 해당 정책이나 방침을 수정하고 있다.

<그림 4-5> 대만 신죽과학공업단지의 자원구조

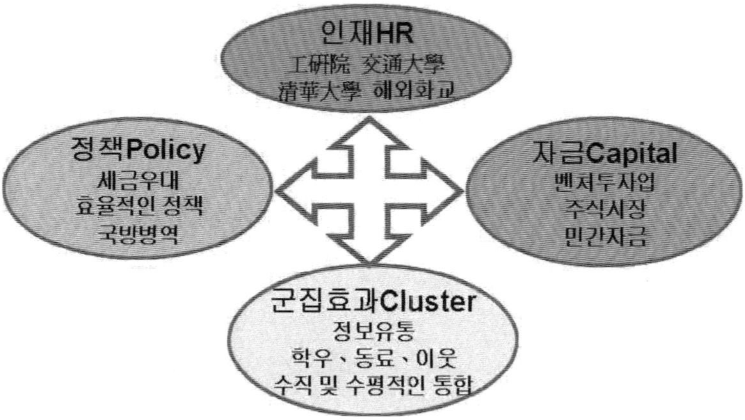

2002년 12월 행정원 첨단기술고문회의에서 「첨단기술정책」 에서 대만의 미래발전은 세기를 뛰어넘는 능력이 필요하며 「점진적 개선」 을 기초로 하는 경제로부터 「개발혁신」 을 기초로 하는 경제 전환하고 「수행형」 에서 「혁신형」 (innovation economy)경제로 변화하여야 한다고 지적하였다. 근래 정부가 발표한 「도전 2008-국가중점발전계획」 에서 중점을 후생산업경쟁 기초건설에 두고 「지식경제발전계획」 과 「글로벌운영중점계획」 을 추진하고 자유무역항구를 건설하고 대만을 세계의 운영거점으로 건설하는 것이다. 그리고 첨단기술 밀집산업과 서비스업의 발전, 산업의 고

부가가치 와 연구개발기지, 문화생활 창조, 복합적인 내용의 계획 인프라 건설을 추진하며 생명과학의 발전과 후생산업의 잠재력을 키워야 한다고 지적하였다.

2006년 10월 4일 행정원 3009차 회의에서 2015년 경제발전 전망 제1단계 3년(2007-2009) 발전계획안이 통과하였다. 계획안은 「양호한 투자환경을 건설」하고 「산업의 새 국면을 창조」한다는 내용을 중점으로 각 산업의 고부가가치화, 산업의 도약, 대만 브랜드 개발, 신제품의 차별화 이윤, 제조와 서비스의 결합, 산업 에너지의 제고를 추진한다고 하였다. 여기에서 「글로벌운영」과 「혁신서비스」는 산업발전에서 중요한 역할을 하기 때문에 신죽과학공업단지는 높은 품질의 연구활동, 생산능력, 업무, 생활과 휴식을 포함한 인간적인 환경 인프라의 건설과 「단일창구」의 서비스 체제를 설립하여 첨단기술 산업이 전력으로 산업의 발전에 노력하고 국내공업기술의 혁신을 고무격려하고 첨단기술 산업의 발전과 배양을 추진하는 것을 목표로 하고 있다.

2. 신기술 기업의 서식지

신죽은 기술집약산업의 육성을 위해 1976년 5월 '과학기술단지 제1차 준비위원회'가 결성되고, 같은 해 9월에 장경국 총통이 경제부, 교육부, 국과회가 연합으로 이 사업을 추진할 것을 지시하면서 본격화 되었다. 산업단지 조성의 기본 전략은 첨단산업 육성에 필요한 외국기술과 자본, 유능한 과학인력을 유치할 수 있는 환경을 구축한다는 것이었다. 이러한 전략에 따라 타이페이 근교에 위치한 신죽시에 과학기술단지를 조성할 것을 결정하고 1980년 9월 1일에 정식으로 출발하게 된 것이다.

이러한 신죽은 대만첨단기술산업의 성장을 낳았다. 이러한 성과는 주로 생산을 위주로 한, 미래 첨단기술산업의 지속성장과 기술혁신의 동력이기도 하다. 과거 신죽이 의지하던 국제관계요인은 경제의 글로벌화 및 기타 경쟁자들의 추격과 함께 크나큰 도전에 직면하고 있기도 하지만, 전반적으로, 신죽단지 내에 입주 기업들의 연구활동은 상당히 활발하다. 집적회로와 컴퓨터 및 주변기기, 통신, 광전자 분야에 연구비화 인력이 집중되어 있고, 전국 제조업 평균 연구비인 매출 대비 1.14%를 훨씬 능가하는 연구비를 사용하고 있다. 생물분야는 산업의 특성상 규모는 작지만 기타 산업 분야보다 월등히 많은 매출대비 30.3%의 연구비를 투입하고 있다. 정부에서는 핵심기술의 개발에 성공한 기업을 포상하고 연구비를 보조하여 입주 기업들의 연구의욕을 고취하는 정책을 추진하고 있다. 이러한 연구활동의 결과로 반도체산업에서는 단지 내에서 재료, 설계, 조형, 생산, 검사, 포장에 이르는 전 산업의 수직계열화를 이룩하고 기술을 고도화 하고 있고, 컴퓨터산업에서도 기존의 장점을 이용해 노트북과 TFT-LCD 분야로 사업을 다각화를 전개하고 있다.

또한 신죽단지는 글로벌경제 속에 과학기술인재의 보고(寶庫)가 되고 있다. 경쟁우위를 향상시켜야 한다는 사고방식은 경제의 관점을 혁신차원에서 출발하여 군집 내 업체들의 집약효과를 강화하고, 새로운 기업의 설립을 장려하며, 신죽으로 하여금 혁신기업의 서식지로 되도록 하고 있다. 이로써 기업으로 하여금 혁신활동을 강화하는 한편 단지의 산업집약의 효과를 살려 혁신적 기업이 신죽에 많이 입주하도록 하여 더욱더 혁신적인 군집효과를 극대화하고 있다.

따라서 신죽은 자체 경쟁력을 향상시키고자 할뿐만 아니라 기타 공업단지의 발전 모델을 보여줘야 할 책임을 떠맡고 있다는 것이다. 신죽의 발전이 기타 다른 공업단지의 발전에 하나의 모델을 제공하고 있다는 것과 국가 과학기술부(國科)가 추진하고 있는 남부 과학기술단지 및 중부과학기술단지 또한 신죽의 경험을 답습하고 있다는 것이다. 앞으로 대만 첨단과학기술산업의 발전은 신죽으로부터 기타 산업단지에로 확산 될 것이며, 전반적인 산업경쟁력을 결정하는 것은 더 이상 하나의 단일 단지의 행정관리 효율이 아닌 각 단지간의 협력과 경쟁을 강화하는 것이다. 또한 단지들 간의 협력은 서로 다른 산업군집이 상호 보완되는 관계를 구축하는 것으로 설정하였으며, 이들 간의 경쟁은 단지들의 투자업체를 유치하는 능력에 대한 평가로 이루어지고 있다.

앞으로 대만의 각 단지들 간에 경쟁관계가 된다고 하더라도 신죽은 여전히 전반적인 발전을 주도하는 역할을 할 것이다. 첨단기술산업의 전반적인 경쟁력을 향상시키기 위하여 신죽이 할 역할은 단지 자체의 산업단지의 발전에 동력을 부여하는 것뿐 아니라 대만의 첨단과학기술 산업집적지로서 발전의 선두주자 역할을 할 것이며, 아울러 기타 단지들에 영향을 미침으로써 각 군집들의 집약효과 간의 연결고리 역할을 할 것이다. 따라서 신죽의 경험은 행정관리의 성과로 될 뿐만 아니라 상호 의존적인 제도를 도입함으로써 기타 단지들에 과학기술산업발전의 합리적인 발전모델을 배울 수 있도록 하였다.

제6절 대만 신죽과학공업단지 벤처기업과 지역경제와의 관계

1. 대만 신죽과학공업단지의 역할

신죽과학공업단지의 발전의 핵심은 대만의 「과학공업단지설립조례」의 제3조에 근거하여 첨단기술산업 제품의 제조 및 연구발전을 위한 사업의 촉진으로 정의할 수 있다. 따라서 신죽과학공업단지의 발전방향은 첨단기술산업 발전을 통한 세계적인 첨단기술산업 클러스터의 구축에 두고 있다. 이를 위해 신죽과학공업단지는 다음과 같은 목표와 임무는 설정하고 있다. 첫째, 이미 해외에서 높은 과학기술을 가진 기업가들이 신죽에 창업하게 함으로써 국제적인 위상을 높이는 것이고, 둘째, 신죽시에 취업기회를 창출하고 국내산업의 고도화를 촉진하는 것뿐만 아니라, 대만에 혁신적인 첨단기술산업을 유치하여 평균 생산효율성을 높이는 것이었다. 셋째는 산업발전 기구를 통합하여 첨단기술산업의 연구발전에 있어 혁신을 가져옴으로써 국제시장에서 경쟁력을 강화하는 것이고, 넷째, 핵심 산업의 발전을 통해 국방산업의 발전을 가속화 시키는 것이었다.

대만 신죽과학공업단지의 발전과정에 있어서 무엇보다 전기집적회로의 발전이 중대한 공헌을 하였다. 이는 미국의 실리콘벨리의 반도체산업의 선장과 밀접한 관계가 있다고 볼 수 있으며 신죽의 산업발전이 국제기술발전과 국제시장의 성장에 따른 것임을 알 수 있다. 이러한 연관은 컴퓨터와 그 주변제품, 그리고 통신산업에 이르기까지 이러한 산업발전의 구조적인 유사성은 신죽으로 하여금 대만의 과학기술산업을 성공적으로 이끄는데 중요한 요인으로 작용하였으며, 이 또한 신죽산업군집에 특정산업이 집중되는 특징을 낳게 되었다. 그러나 대만과학기술산업의 시장은 수출위주이기 때문에 신죽단지에 고도로 집중된 산업군집들이 쉽게 국제환경 변화의 충격을 받을 수도 있다. 뿐만 아니라 신죽의 발전은 정부행정부처의 주도로써 이루어져왔음이 산업발전의 특징으로 나타나고 있으므로 이는 산업집적지제도와 정부정책의 요인으로 인한 민간기업이 지니고 있는 탄력적인 모습과는 다른 특징을 지니고 있으며, 따라서 혁신적인 서비스와 전문화된 서비스산업의 발전공간이 결여될 수밖에 없었다.

즉 대만 신죽단지는 첨단산업 생산지향적으로 설계하면서 연구개발기능이나 인재양성 프로그램과 결합시키는 것이었다. 따라서 대학교수가 기업체의 부사장이 되고, 연구소의 연구원이 대학에 출강하며, 대학원생이 연구보조원으로 근무하는 등 대학, 연구소, 기업체가 긴밀히 연계한 개방형 연구체계를 구축하여 연구가 생산으로, 생산이 다시 연구로 환류될 수 있는 네트워크 시스템을 갖추고 있다. 한편, 신죽단지 관리국에서는 대학, 기업, 공업기술원간의 교류를 촉진하기위해 연구개발 자금지원 등 다양한 지원프로그램을 제공하고 있다. 신죽단지에 위치하고 있는 공업기술원(ITRI)에서 기업으로의 기술이전, 대학과 연구소에서 제공하는 각종 직업훈련, 공동연구프로젝트의 추진, 시설과 장비의 공동이용, 방학 중에 학생들에게 일시적인 고용·기회제공 등 다양한 형태로 지원하고 있다.

요컨대, 신죽과학공업단지의 역할은 신죽시에 산업 군집의 집중도를 매우 높이면서 경제효과 창출하고자 한 것에서 찾을 수 있다. 산업집중도가 높은 것은 산업집적효과의 필연적 결과 중의 하나이긴 하지만, 다원적 산업집적은 개별적인 산업이 시장 혹은 기술의 쇠퇴로 인한 타격을 면할 수 있다는 것이다. 그러나 신죽단지의 과제는 산업단지와 관련된 성과이며 또한 지역 전반적으로 제공하는 생활기능과 지역사회문화을 통해 입주기업의 능력을 발휘하고, 또 상호 경쟁하도록 하며 구성주체사이의 공통의 이익을 위한 협력관계를 형성하는 시키는 것에 있다.

2. 신죽과학공업단지 벤처기업과 지역경제와의 관계

신성장이론에 따르면, 국가 및 지역경제의 장기적인 성장은 경제체계 안에서 결정된다. 우선, Romer(1986)은 기술의 학습에 의한 혁신(learning by doing)이라는 주장을 통해 개인 투자의 외부효과는 장기성장을 가져다준다고 해석했다. Barro(1990)는 한발 더 나아가 공공투자를 고려했는바, 자본경계의 산출은 고정 또는 점차 증가할 가능성이 있음을 설명하였다. Lucas(1988)가 발전시킨 내생적 성장모형은 지역 또는 국가의 경제성장율이 인력자본의 많고 적음에 의해 결정된다고 하였다. 그 뒤, Romer(1990)은 내부성장은 인력자본연구를 이용한 활동을 발전시키는데 의해 형성된다고 주장하였다. 그 외에도 Aghion과 Howitt(1992)는 R&D에 의해 조성된 산업의 흥망성쇠의 생명주기적 발전을 강조했다. 또 한편, 지리경제학은 집적의 이점(agglomeration advantage)이 지역경제성장의 하나의 중요한 원천이라고 지적하였다. 집적의 이점은 주로 파급(spillover), 협력(synergy)과 노동시장 효과에 있다. 기업의 집중은 대표적으로 취업인력군의 형성을 촉진하고, 기술과 지식의 이전을 통해 기술의 파급과 더 욱 밀집된 기업 네트워크를 형성한다.

따라서 공간적인 밀집은 경쟁의 우위와 지역의 중소기업 성장 잠재력을 향상시킬 수 있다. 이러한 연구를 통해, 경제적 우위는 보다 선진적인 기술 수준과 풍부한 기업가 정신, 그리고 더욱 밀집된 산업집중정도의 이 세 가지 측면에서의 성과라는 것을 발견할 수 있다. 그러므로 한 산업단지의 탄생은 취업과 임금, 및 부가가치의 향상을 가져올 것이며 나아가 그 산업단지의 경제규모를 통해 경제성장을 반영하고 있다는 것이다.

첫째, 신죽단지 내 산업군집의 취업집중도 자료(2000년~2003년)를 살펴보면, 신죽의 6대 산업군집 중 반도체, 컴퓨터 및 통신, 광전 세 개 분야가 대부분을 차지하고 있음을 알 수 있었다. 먼저, 정밀기계산업과 바이오과학기술산업분야에서의 취업기회는 전국의 기타 산업집적지들에 비해 빠른 속도로 증가되었다. 그러나 전자부품분야에서의 취업기회는 오히려 기타 산업집적지에 비해 감소하였다. 신죽단지에 고도로 밀집된 광전산업집적지는 경제적 환경변화에 받은 타격이 꽤 컸는데, 이 분야가 제공한 취업기회는 전국 다른 지역에 비해 상대적으로 부(-)의 변화를 일으키고 있었다. 반도체산업은 전국 기타 지역의 변화에 비해 상대적으로 하락한 추세를 보여주었고 다만, 컴퓨터 및 통신산업분야 만이 미세한 변화를 보여주었을 뿐이다.

둘째, 신죽단지 지표(2000년~2003년) 중 취업과 임금부분에서 사이에 일어난 변화는 중국으로부터의 경쟁에 직면하여, 예를 들면 컴퓨터 및 통신산업과 반도체산업과 같은 유망산업집적지들의 기세가 한풀 꺾인 상황이고 또한 대만 내 다른 첨단산업단지의 발전으로 인해 전자부품산업과 광전산업 등 성숙한 분야 중심의 발전방향을 점차 변화시키고 있으며, 실리콘벨리의 변화와 마찬가지로 바이오과학기술분야와 같은 신형산업집적지가 점차 부상하고 있다는 점이다.

셋째, 신죽단지 지표(2000년~2003년) 중 부가가치가 하락하는 추세에 있다. 반도체와 정밀기계분야의 소폭 하락을 보인 것 이외에, 신죽단지 내 각 산업집적지들의 평균 1인당 부가가치는 대만 전국 타 지역과의 차이가 매년 줄어들고 있다. 또한 신죽단지 평균 종업원 임금은 전국 다른 지역에 비해 28%-45% 정도 높다. 반도체군집 평균 종업원 임금과 신죽단지 내 종업원 임금의 변화는 비슷한 양상을 보이지만, 정밀의기분야는 이와 반대로 감소하고 하고 있는 추세를 보이고 있다. 전자부품, 바이오산업, 광전분야의 종업원 평균임금은 해마다 증가하는 추세를 보여주고 있으나, 컴퓨터 및 통신 분야는 해마다 감소하는 추세를 보여주고 있다.

대만의 신죽단지의 이러한 변화는 중국으로부터의 경쟁(예를 들면, 컴퓨터 및 통신산업과 반도체산업 등), 스타산업의 기복, 그리고 전자부품산업과 광전산업의 집적현상의 변화, 바이오 과학기술산업과 같은 신흥산업의 집적을 신죽단지에 출현시켰다는 것이다. 그러나 신죽단지의 장점은 비교적 좁은 지역에서 밀도 있게 이루어지는 관련인맥의 형성과 활발한 유동을 통한 산학협력관계에 있다. 특히 교통대학과 공업기술연구원, 상당한 반도체기업이 입주해 있는 신죽과학기술공업단지는 이들 인력들이 활발히 교류하고 유동하고 있는 토대가 되고 있다(〈그림 4-6〉 참조). 이러한 유동성은 신죽시 지역에서 기술적 공동체에 의한 긴밀한 관계성을 통해 혁신활동이 전개되고 있고 이들 중소 벤처기업의 발전이 지역경제와 긴밀한 상호관계에 있음을 보여준다.

<그림 4-6> 신죽지역 내의 과학공업원구의 역동적 구조

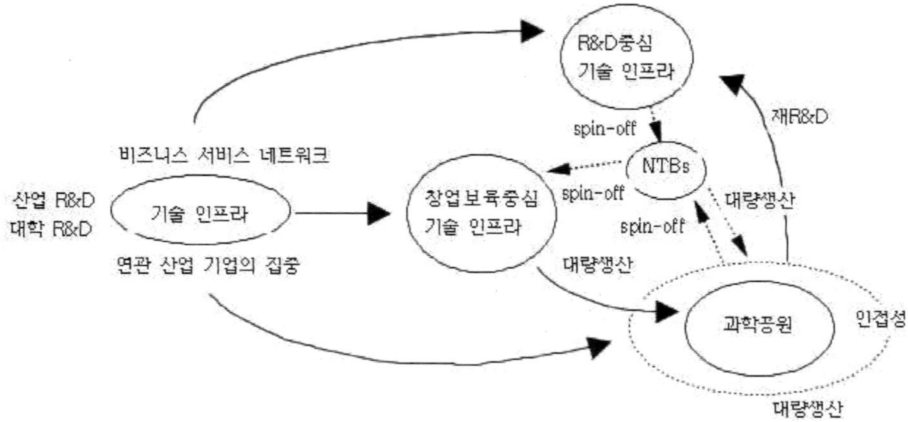

제7절 대만 신죽과학공업단지의 연구계 및 학계와 벤처지원

1. 대만 신죽과학공업단지의 연구계 및 학계

신죽과학공업단지의 연구기관들은 서로 인근에 자리 잡고 있다. 신죽과학공업단지 설립초기에 공업연구소, 청화대학, 교통대학의 인근에 단지를 설립하기로 계획하였기 때문이다. 대만의 공업기술연구원은 전자, 광전, 컴퓨터와 통신, 재료, 기계, 화공, 에너지자원, 공업안전위생, 항공, 측량, 바이오공정센터, 등 기술연구하고 있고 연구인원만 6,000명으로써 대만 국내산업에 핵심기술을 제공하며, 그동안 끊임없이 신기술을 연구·개발하여 새로운 기업을 만들어 냈다. 청화대, 교통대는 모두 이공계를 중심으로 하는 종합대학으로서 각각 6개와 5개의 단과대학을 갖고 있으며 학생은 1만여 명에 달한다. 이 두 대학은 신죽과학공업단지에 인력자원을 제공하며 동시에 신죽단지의 인재양성과 단지 내 기업의 기술심사를 담당한다. 두 개 대학으로부터 기술을 이전 받아 파생된 기업도 현재 16개에 달한다. 이 외에도 식품과학공업연구소도 단지에서 멀리 떨어져 있지 않다. 단지의 과학기술 인재들이 밀집해 있을 뿐만 아니라 인근 대학의 밀집으로 인하여 단지의 인력수준이 개선되고 있다. 타 지역의 대학들도 신죽단지 부근에 대학을 신설 혹은 확장하여 설립하였다. 현재 신죽단지는 산업, 정부, 학술 및 연구가 긴밀히 협력하는 구조로 안정화 되었다.

1) 연구기관

(1) 우주기획실

대만의 우주과학기술의 발전 계획은 1980년 8월에 행정원에서 결정하였고, 동년 10월에 '국가우주계획준비위원회'가 설립되고 1984년 6월에는 「행정원국과위원회 우주과학기술연구중심조직조례」가 입법심의를 통과했다. 이는 대만의 우주과학기술의 발전 기초를 마련하였으며, 또한 학술연구의 발전을 촉진시키고, 산업이 발전하도록 하여 국제우주시장에서의 경쟁력을 확보하는데 주력하고 있다.

(2) 고속컴퓨터센터

국가고속컴퓨터센터는 1982년 설립해서 지금까지 이미 고속계산응용과 운영단계에 들어섰으며, 연구주제는 국내 산학계에서 부진한 고속계산실험능력을 연구하고 있다. 이 센터의 주요임무는 국내의 평행계산응용과 연구를 리더하며, 산업에서 응용할 수 있는 기술과 실무능력을 제공하여 고속계산기의 소프트산업의 발전을 도모하는 것이다.

(3) 동시복사연구센터

대만의 동시복사연구센터는 72년 행정원에서 설립을 결정하였고 75년 3월에는 준비위원회를 설립하고 82년 10월에 아시아에서 첫 번째 제3대전자저장환의 시험과 운전을 완성하였으며 83년 4월부터는 사용자들에게 사용을 허가하게 하였다. 이 센터의 주요 임무는 계속하여 동시복사광원을 제공하는 동시에 이 광원을 개발하고 운용하여 미래성 있는 과학연구와 공업에 사용하게끔 하는 것이다.

(4) 정밀기계발전센터

국과위는 1963년에 정밀기계발전센터를 설립하여 학술연구와 하이테크 기술발전을 지원하고 정밀기계의 발전과 기술의 보급 및 기술서비스를 하였다. 그 임무는 정밀기계의 연구발전과 응용개발. 정밀기계의 보호와 검측, 인재배양과 자문 서비스이다. 초기에는 신흥기술의 개발로써 국내 광전, 진공산업의 발전을 이끌었고 지금은 학술계와 하이테크 기술계와 결합하여 미래성 기술의 연구개발을 하고 있으며 기술이전, 인재배양 및 기계수리 등을 서비스로 제공하고 있다.

(5) 반도체설계제조센터

1980년 1월 국과위는 "미국과 유사한 MOSIS 전자회로 설계서비스부문을 설립하고 미세전자시스템연구인원들이 더 쉽게 전자회로를 제조하도록 서비스를 제공한다" 고 결정하였다. 반도체 설계제조센터의 주요임무는 학술계, 연구계 및 산업계에 양호한 IC 반도체와 시스템설계를 위한 환경을 마련하고 연구성과와 기술을 산업계에 보급하고 산학연구에 교량이 되는 것이다.

(6) 나노부품실험실

행정원에서 1977년 8월 '국가 차나노부품실험실' 을 설립하고 1978년에 교통대학에 실험실을 세웠다. 1982년에 국가나노부품실험실로 이름을 바꿨다. 임무는 선진기술설비를 연구하고 학술계와 산업계의 엘리트를 양성하며, 학술계가 관건적인 나노기술를 이끌며 250나노보다 더 작은 영역에 도전하여 그 기술을 공업계에 이전하여 대만의 집적회로산업에 경쟁력을 갖게 하는 것이다.

2) 연구개발팀

대만의 국가통계에 의하면, 신죽과학단지의 기업들이 1987년 연구개발비용은 대만폐 318억 원이며 총 영업액의 7%를 차지하여 전국제조업의 연구개발비용보다 높다. 생물기술산업은 21.5%, 집적회로산업 9.5%, 광전산업은 6.6%, 통신산업은 5.6%, 등 순이다. 연구개발비용을 보면 집적회로산업은 218.81억원으로 제일 많고 컴퓨터 및 주변산업은 56.14억 원, 통신 20.55억 원 순이며 연구개발팀의 연구인원을 보면 집적회로 연구인원이 제일 많은데 5,455명으로서 직원의 13.5%를 차지하며 다음은 컴퓨터 및 주변산업인데 1,978명, 13.2%, 통신산업 1,190명 18.2%, 바이오산업은 109명으로 29.1%이다.

(1) 인재양성

신죽과학단지관리국은 기업이 전업기술 인재배양의 수요에 의하여 또한 미래에 부합하는 인력발전과 인력자원의 수준을 개선하기 위하여 지속적으로 교통대학, 청화대학 등 학술연구기구들과 협력하여 각종 전문 기술 인재를 훈련시키는 계획을 세웠다. 훈련과정은 반도체제작과 설계, 광전기술, 통신과 전자, 컴퓨터자동화 통제공정, 생물과학기술, 나노기술이 있다. 1981년부터 1988년까지 모두 38,528명을 훈련시켰으며 관리과정, 야간과정 등을 합치면 모두 63,725명에게 훈련을 제공했다.

(2)연구개발보상

하이테크산업의 제품의 개혁과 연구발전의 수요로 인해 단지관리국은 74년부터 미국의 중소기업개혁연구개발제도(Small Business Innovation Research, SBIR)을 모방하여 「과학공업단지 개혁 및 연구발전계획 보상금에 관한 요점」을 제정하여 기업에서 연구개발투자를 장려하였다. 1974년부터 1988년 까지 모두 498건 중에 혁신 건수에 대한 보상금을 주었는데, 집적회로부문이 제일 많았다. 143건으로 전체의 28.7%에 해당하며 장려금은 대만폐 9.25억 원인데, 정부에서 1원을 투자하면 기업에서 4원을 혁신에 투자하게끔 유도하였다. 정부의 장려제도에 의하여 기업에서 장려금을 받기위하여 경쟁을 장려하였다. 따라서 단지의 연구개발 분위기가 조성되어 혁신적인 제품이 특허를 신청하는 등 단지의 과학기술수준이 지속적으로 향상되었다.

단지관리국은 국가의 과학기술발전계획의 부품 및 제품기술을 경제부의 공업국과 협조하여 주도적 혁신제품의 보조 계획을 세우고 경비를 보조하는 방식으로 1982년에 부품과 제품의 연구개발에 보조에 관한 정책을 실시하였다. 이를 통해 기업혁신에 의한 제품의 상품화를 촉진시켰으며 높은 생산량과 고품질의 제품을 만들독 하였다. 1988년 말까지 모두 90건에 달하는 혁신 제품에 보조금 제공하였으며, 그 금액은 24.77억 원에 달한다.

2. 신죽과학공업단지의 벤처지원

1) 세금우대와 감면정책

신죽과학공업단지는 소득세 관하여서는 '과학공업단지설립관리조례' 제15조의 규정에 근거하여 신설 과학공업단지는 5년간 소득세를 징수하지 않는다. 또한 제품생산을 시작하여 판매를 하거나 노무를 제공하여 2년, 혹은 4년 내에 한해서 자체로 정한 시간부터 시작하여 5년 연속 영업소득세를 면제하고 있다. 신죽과학공업단지에서 증자한 부분은 4년 영업소득세를 면제하거나 혹은 새로 증가한 생산설비의 15% 원가부분을 영업세에서 감하고, 당해 연도에 감하지 못 할 경우에는 4년에 걸쳐 그 금액을 세액에서 감하도록 되어 있다. 신죽과학공업단지에서의 세금감면 기간이 끝났을 경우 소득세와 기타 부가세는 20%를 초과하지 않는다.

또한 '과학공업단지설립관리조례' 제17조 규정에 의하여 단지에서의 자체 이용 기계설비, 원자재, 연료, 및 반제품의 수입은 수입세 및 화물세를 징수하지 않으며, 세관에 관련된 담보, 장부기입 등 수속을 일체 하지 않아도 된다. 그리고 단지에서 제품 혹은 노무를 수출하는 경우는 영업세율이 제로이며 화물세를 징수하지 않는다.

이 외에도 기말 미 배분잉여금 증자, 노무제공, 연구발전, 품질검사, 오염방지, 에너지 절약 혹은 공업안전위생 등에 사용되는 설비의 증설로 인하여 주주가 취득한 주식도 소득세를 면제한다. 다만 주식을 이전하거나 증여 또는 유산으로 배분할 때에는 납세 신청을 하여야 한다. 정부에서 지정한 중요한 산업은 잉여금에 대해 자본금의 200%를 보유할 수 있고 초과부분은 10%의 과세 후 보류할 수 있다. 또한 대반 정부는 1980년 1월 1일에 반포된 '산업승격조례'에 따라 중요한 과학기술사업과 투자사업 및 창업투자사업에 대한 기금을 조성하여 주주들의 투자위험을 분담하였으며, 단지 내의 기업들에게 5년 연속 양자택일 형식의 세금 감면 혜택을 주고 있다. 그리고 단지 이외의 기업들에게도 법정요건이 맞으면 이러한 규정을 모두 적용하고 있다.

또한 1988년 12월 31일에 수정된 '산업촉진승격조례'는 일반적인 기능의 장려제도를 제외하고 세금관련규정을 조정하였다. 제8조의 규정은 다음과 같이 규정하고 있다. "경제발전에 중대한 공헌을 할 수 있지만 위험성이 큰 신흥 산업의 창업 기업 혹은 개인은 원시주식을 기명식으로 하고 3년간 계속 보유를 하였을 경우, 소득세 혹은 종합소득세를 면제한다"고 되어 있다. 신흥산업이라 함은 그 적용범위, 허가기관, 신청기간, 신청절차 및 기타 유관사항은 행정원에서 정부기관, 학술계 및 연구기관을 대표로 2년에 한 번씩 검토를 하며 수정을 하도록 되어 있다. 이는 원래의 정책보다 범위가 축소가 되었는데, 그것은 중요 전략적 산업에의 적용으로 제한 것이다. 이에 따라 개인 혹은 주주의 세금면제를 20%에서 10%로 줄였으며, 1989년부터는 해마다 조금씩 줄인다고 되어 있다.

이렇게 신죽과학공업단지에서 세금우대정책을 조정한 원인은 주로 첨단산업의 발전과정, 재정상황 및 국제간 경쟁자들의 세금우대 정책에 의하여 조정을 한 것으로 보고 있다. 이는 지속적으로 세금우대정책을 실행할 필요성, 첨단산업의 높은 위험성과 진입장벽, 기술발전, 인재양성의 측면에서 고려된 것이라 할 수 있다.

2) 연구개발 장려

민간기업의 첨단기술에 대한 연구개발을 장려하기 위해 그리고 산업의 수요와 과학기술의 발전 각종 연구발전을 촉진시키기 위해 신죽과학공업단지는 다음과 같은 조치를 취하고 있다. 즉 연구발전비용의 보조, 인재유치, 성과에 대한 장려, 연구발전 시설, 세금우대 등의 정책적 조치를 취하고 있다. 특히 '연구발전비용의 보조'는 그 관리기관 및 신청대상이 다양하기 때문에 모두 7가지 항목으로 나뉘어 벤처지원정책을 전개하고 있다. 그것은 '국과위의 산학협력계획서', '경제부기술전문안', '민영사업신청계획서', '경제부공업국주최의 신상품개발지도법', '경제부에서 중소기업과 협력한 연구발전 추진방안', '국과위의 과학공업관리국의 부품 및 제품계획서 및 혁신제품장려' 등이 있는데 최고 장려금은 대만폐 500만원이며 매 계획서의 수요자금의 50%를 초과하지 않는다.

연구경비는 일정한 금액에서 소득세를 공제하며, 연구발전에 사용될 설비는 수입세를 면제하고 증여성 설비도 비용을 처리할 수 있다. 그리고 관리국에서 주최한 시상품개발보도 방법에는 첨단핵심기술 제품에 관하여 연구발전보조비를 제공하며, 최고 50%의 연구개발비를 보조 받을 수 있다.

3. 세계 혁신클러스터와 신죽과학공업단지의 장단점 비교

사실 신죽과학공업단지는 반도체, 광학전기산업 등 첨단기술제품이 세계에서 중요한 위치를 점유한 이후 발전적인 혁신클러스터로서 인정받고 있다. 그러나 세계적인 혁신 클러스터와 비교하면 신죽의 현재 상황과 위치는 어떠한가에 대해 비교를 해 보는 것이 필요하다. 먼저 동북아시아의 중국 중관촌, 한국의 대덕연구개발특구와 일본의 츠쿠바 등 세 개 혁신클러스터와 비교하면, 신죽은 자금, 문화, 발전전망, 교육이라는 측면에서 경쟁력을 갖고 있다. 기타 부문에서 중국의 중관촌은 인력자원, 기초교육에서 경쟁우위가 있고 일본의 츠쿠바와 한국의 대덕연구개발특구를 대만의 신죽단지와 비교할 경우 연구능력과 기초시설에서 높은 평가를 받고 있다.

그러나 신죽단지와 유럽의 혁신클러스터와 비교할 경우 결과는 전혀 달라진다. 신죽과학공업단지는 자금, 문화, 발전전망, 교육에서 일정한 수준이 되지만, 그러나 연구능력, 기초시설, 글로벌화 측면에서의 수준이 높지 않은 것으로 평가할 수 있다. 현재 신죽단지의 경쟁력은 아직도 성장의 공간이 있고, 신죽단지의 주변에 대만 정부의 공업기술연구원과 같은 국가연구기관의 강력한 지원을 받고 있다. 그러나 전체적으로 신죽단지는 아직 혁신클러스터로서 발전에 관한 구체적인 청사진이 없고, 기초연구가 부족하기 때문에 일반적으로 신죽단지의 발전을 위해서는 다음과 같은 전략과 정책이 취해져야 한다고 지적되고 있다.

첫째, 중앙정부 차원에서 세계경쟁력의 특징은 브랜드 혁신클러스터라는 것을 감안하여 볼 때, 대만의 혁신시스템은 과학기술차원에서 공급자의 입장을 강화하여야 한다고 보고 있다. 그리고 보층생산과 영업마케팅의 기능이 아닌 연구개발로 인한 혁신클러스터로서 특징 강화가 필요하다고 강조하고 있다.

둘째, 지방정부 차원에서 신축과학공업단지의 과학기술을 기타 지역까지 확산하여 기타 지역의 경쟁과 협력을 촉진할 뿐만 아니라 이를 통해 전국의 균형적인 발전을 촉진하여야 한다고 강조하고 있다.

셋째, 글로벌전략의 관점에서 신축단지는 세계의 연구개발 중심지가 될 수 있는 전략으로 세계 혁신클러스터와 경쟁하여야 하는데, 이 목적을 달성하기 위하여 신축단지의 일부 지역을 전문연구개발 지역으로 지정하는 것도 필요하다고 보고 있다.

이를 위해 신축과학공업단지는 첨단기술 제조에서 기업의 수요를 충족하여 주고, 전체적인 산업기술을 더 한층 업그레이드하기 위하여 저환경오염, 에너지 절약, 고부가가치 산업의 발전을 강조하고 있다. 또한 연구개발을 중심으로 하는 과학공업단지를 구축하는 것이 신축관리국이 심사숙고해야 할 과제라고 설명하고 있다. 따라서 신축과학공업단지 관리국은 새로운 방향에서의 획기적인 발전을 위해 다음과 같은 발전전략을 수립하고 있다.

- ◆ 세계와 밀접히 결합된 산업발전환경 구축
- ◆ 글로벌 협력네트워크의 서비스체제 구축
- ◆ 지적재산권 혁신산업센터 설립
- ◆ 중소형 고부가가치산업의 유치 가속화
- ◆ 해외전문가, 기술 유치 데이터베이스 구축

또한 이러한 전략을 구체화하기 위해 단지 내 중심혁신지역(반도체연구개발센터, 용담(龍潭)광학전기연구단지, 신축생물의학연구단지, 의란(宜蘭)통신지식서비스연구단지, 동라(銅鑼)군민용과 SIP산업연구단지 등)의 개발을 가속화한다는 것이다. 다시 말해, 이와 같은 발전전략은 '글로벌 협력 네트워크', '혁신서비스', '세계와 밀접히 결합된 산업발전환경 구축'이라는 3가지 축으로 이루어지고 있다.

〈참고문헌〉

王德祿 主編, 「知識經濟: 中關村」, 山東教育出版社, 2001.

吳敬璉, 「制度重于技術」, 中國發展出版社, 2002.

------, 「當代中國經濟改革: 戰略与實施」, 上海遠東出版社, 1999.

李鐘文 主編, 「硅谷優勢」, 人民出版社, 2002.

盖文啓, 「創新罔絡: 區域經濟發展新思維」, 北京大學出版社, 2002.

陳守明, 「現代企業: 罔絡」, 上海人民出版社, 2002.

中共北京市委宣傳部, 北京市經濟委員會, 北京市人民政府經濟體制改革辦公室, 北京市企業文化建設協會, 「孕育未來: 中關村創業現象的觀察?思考」, 北京出版社, 2001.

鍾堅, 「世界硅谷模式的制度分析」, 中國社會科學出版社, 2001.

陸昊, 「思考中關村」, 中國經濟出版社, 2002.

勵以寧 主編, 「北大光華論壇:WTO中國企業生存的發展」, 中國財政經濟出版社, 2002.

對外貿易經濟合作部世界貿易組織司 譯,「中國加入世界貿易組織: 法律文件」, 法律出版社, 2001.

張維迎, 「產權, 政府与信譽」, 生活·讀書·新知三聯書店, 2001.

-----, 「博·論·信息經濟學」, 上海三聯書店出版社, 1996.

胡延平, 「2000-2001年中國罔絡經濟發展生態報告」, 社會科學文獻出版社, 2001.

周其仁, 「數罔競爭: 中國電信業的開放和改革」, 生活·讀書·新知三聯書店, 2001.

[日]青木昌彦 等 主編, 「市場的作用, 國家的作用」, 林家彬 等 譯, 中國發展出版社, 2002.

----------, 「比較制度分析」, 上海遠東出版社, 2001.

周立群, 謝思全 主編, 「中小企業改革与發展研究」, 人民出版社, 2001.

萬興亞, 「中小企業技術創新?政府政策」, 人民出版社, 2001.

Dahlman, C.J., Aubert, J.E., 「中國的知識經濟: 把握21世紀」, 熊義志 等 譯, 北京大學出版社, 2001.

王嘉顔 等 主編, 「中關村科技園區條例」, 中國民主法制出版社, 2001.

盛洪, 「分權?交易」, 上海三聯書店出版社, 1992.

楊小凱, 「當代經濟學与中國經濟」, 中國社會科學出版社, 1997.

胡鞍鋼, 王紹光, 「政府与市場」, 中國計劃出版社, 2000.

汪丁丁, 「經濟發展与制度創新」, 上海人民出版社, 1995.

-----, 「制度分析基礎: 一個面向寬帶罔時代的講義」, 社會科學文獻出版社, 2002.

[美]羅沙貝絲·M·坎特, 「世界級: 地方企業如何逐鹿全球」, 王成至 譯, 上海人民出版社, 2002.

제5장 제도적 협력을 위한 지역네트워크 플랫폼 구축*

제1절 대덕연구개발특구와 네트워크 플랫폼

산업 클러스터(industrial cluster) 연구에서 지적되어 온 바와 같이, 산업 집적지를 기반으로 한 지역경제의 발전은 어떤 한 지역 내에서 기업이 어떻게 활력적인 상호학습 네트워크(network)를 이용하여 경영지식을 높이고 조직적인 변화를 꾀할 수 있는지, 그리고 지역 내에 '혁신체계(innovation system)'의 구축을 통하여 기업의 경쟁력을 제고시킬 수 있는지에 있다고 강조되어 왔다 (Philip Cooke, 2002). 즉 지역혁신체계의 핵심은 특정 지역에서 물리적이고 지리적인 근접성을 기반으로 한 구성주체간의 네트워크 구축을 통하여 기업의 경쟁력을 강화하는 혁신적 환경에 있다고 할 수 있다. 이 혁신적 환경은 지역혁신정책과 전략에 대한 새로운 욕구를 창출하게 되는 것이며, 따라서 혁신적 과정은 전형적인 사회활동과 경제활동에 녹아 들어가게 된다. 그리고 기업의 경쟁력 향상을 가져오는 혁신의 원천은 바로 지역의 다양한 구성주체 즉 고객, 생산자 및 연관 조직기관들 사이에 구축된 네트워크 관계에 의한 상호활동으로 나타난다(Perkkarinen and Harmaakorpi, 2006).

한국의 대표적인 혁신 클러스터로서 대전지역에 기반을 두고 있는 대덕연구개발특구의 경우 역시 연구개발과 생산, 그리고 비즈니스 인프라 등 혁신적 환경의 조성을 통해 기업의 경쟁력 강화 및 성과확산을 강조하여 왔다.

* 원고 「한국지역경제연구」, 6(2)에서 재정리.

사실, 2004년 '대덕연구개발특구'로 지정된 이래 특구의 구체적 역할에 대해 적지 않은 논란이 있었으나, 연구개발기능과 사업화의 연계, 그리고 타 지역으로의 성과확산이라는 발전방향은 무리 없이 설정되었다. 그런데 문제는 대덕연구개발특구가 특구를 구성하고 있는 주요 기업과 기타 구성주체들간의 교류부족과 효율적 교류망 부재로 인해, 그리고 구성주체간의 네트워크의 비효율성 등으로 인해 지역혁신체계로서의 혁신적 환경이 실제적으로는 조성되어 있지 않다는 것이다(이상빈 외, 2008). 더군다나 대덕연구개발특구 역내의 벤처기업들 역시 대덕연구개발특구에 존재하고 있는 네트워크 기능에 대해 별로 중요하지 않게 여기고 있다는 점이다. 그동안 역내에서는 이러한 문제를 해결하기 위한 중요 과제로서 벤처기업과 기타 구성주체간의 협력의 필요성에 대한 공통의 인식뿐만 아니라, 협력메카니즘의 활성화를 위한 실제적인 상호활동이 이루어져야 한다는 점이 강조되어 왔다. 즉 대덕연구개발특구에 혁신환경을 조성함으로써 이를 통한 핵심적인 혁신과정이 대덕연구개발특구의 구성주체사이에 착근되어야(embedded) 한다는 주장이 설파되어 왔다.

물론 대덕연구개발특구는 연구개발능력이 우수한 복합적 집적지로서 전국적 위상을 가지고 있을 뿐만 아니라 지역의 혁신클러스터로서 주로 기업·대학·기술센터(연구기관)·정부 및 공공조직기관·중개서비스기관·지역금융기관 등이 구성되어 있다. 일반적으로 혁신클러스터에서 구성주체는 다양한 네트워크 체계를 지니고 있는데, 즉 지역의 연구기관, 제조기업, 서비스기업, 금융기관과 현지정부부서 혹은 조직기관 등으로 구성된 네트워크 환경이 기업의 혁신과 발전에 미치는 영향과 역할은 매우 뚜렷하다고 할 수 있다(Markusen, 1994).

구성주체들간의 혁신과정에서 네트워크체계는 주로 두 가지 차원에서 중요한 역할을 하고 있다. 그 하나는 네트워크주체의 자체혁신이고, 다른 하나는 네트워크의 형성 및 발전과정에서 구성주체의 외부혁신 즉, 외부네트워크와의 연결을 통하여 전체 네트워크의 기능혁신을 촉진하는 것 이다. 예를 들어 해외 혁신형 클러스터 사례들을 살펴보면, 이러한 혁신 주체들을 중심으로 한 네트워크 환경은 다차원적 거버넌스(multi-level governance) 구조로 특징 지워지고 있고, 그 중심에 다양한 구성주체가 참여하는 네트워크체계가 구축 되어있다(Philip Cooke, 2002).

그런데 대덕연구개발특구를 포함하여 클러스터가 공통적으로 안고 있는 문제는 지역혁신네트워크의 다양한 구성주체, 즉 기업, 대학, 기술센터, 공공조직 및 기타 발전조직(중개서비스 및 금융기관)은 그 속성상 이질적(heterogenous)이라는 것이다. 이 다양한 혁신 주체로 구성되어 있는 다차원적 거버넌스(multi-level governance) 구조에서 핵심 관건은 누가 촉진자 혹은 조정자의 역할을 담당하여 네트워크 환경을 구축할 것인가에 관한 점이다. 즉 대덕연구개발특구와 같이 다차원적 거버넌스체계를 가지고 있는 구조에서는 '통합조정체계'적인 관계성, 즉 연구개발, 엔지니어링, 사업지원 및 마케팅, 그리고 관련된 기업의 비즈니스기능을 어떻게 통합시키고 연계시킬 것인가 하는 문제가 매우 중요하다.

일반적으로 특정 산업클러스터를 중심으로 한 다양한 구성주체 사이의 네트워크체계 구축은 무엇보다 지역의 사회적, 경제적 통합을 강조하는 제도적 환경설정이 강조되고 있다. 다시 말해,

North(1993)에 의하면 제도적 환경이라는 의미는 구성주체간의 '신뢰'라는 가치규범의 사회적 침투성과 행위의 규칙 및 구체적인 법률제도 양태의 총합을 가리키는데, 제도적 환경은 물론 지역적, 사회문화적 특성에 따라 상이하게 나타날 수 있다.

그리고 혁신적 과정 중심의 네트워크체계 구축은 네트워크 촉진자의 정책적 프로그램뿐만 아니라 조직적 혁신을 중시하게 되는데, 그러므로 산업클러스터 내에서는 네트워크의 핵심과정(core process)이 무엇이어야 하는가가 분명해야 한다. 따라서 지금껏 대덕연구개발특구 내에 조직적으로 연결되어 있지 않는 이질적 구성주체간에 네트워크 효과를 촉진시키게 위해서는 지역의 사회적, 경제적 통합의 제도적 환경조성이 우선 고려되어야 할 필요성이 있다. 그리고 이런 환경 하에 대덕연구개발특구를 관리하고 조직적으로 운영하는 지원기관이 중요한데, 이 지원기관의 중심 역할은 네트워크체계 구축뿐만 아니라 네트워크 효과를 파급시키는 촉진자로서의 기능을 갖추어야 한다는 점은 두말 할 나위 없다. 그러므로 지원기관의 초점은 어떠한 정책을 전략적으로 집행할 것인가, 그리고 네트워크 핵심 과정과 내용은 무엇이어야 하는가 등에 두어야 한다.

따라서 본 내용에서는 먼저 지역혁신네트워크구축에 관한 이론적인 틀을 살펴보고 난 후, 대전지역 대덕연구개발특구를 중심으로 네트워크체계의 구축과 활성화를 위해서 필요한 지원기관의 역할과 운영규칙(rule) 및 그 조정의 문제를 고찰해보고자 한다. 그리고 이러한 역할과 제도적 환경을 고찰 한 후에 네트워크체계를 활성화시키는 관리조직 즉 지역네트워크플랫폼(regional network platform)으로서 지원기관의 정책적 방향과 내용, 그리고 이를 담을 수 있는 네트워크체계의 핵심과정은 무엇이어야 하는지를 살펴보고자한다.

제2절 지역혁신네트워크의 구축

1. 네트워크의 개념과 이론

네트워크의 개념은 각종 행위주체간의 자원교환, 자원전도활동과정에서 발생한 연계와 형성된 관계의 총합으로 정의할 수 있다(盖文启, 2002: 47). 이러한 관계는 때때로 공통의 사회문화 배경과 공통의 신뢰관계 기초해서 결성된 비공식 관계, 또는 시장교역 혹은 기술 등의 생산과정에서 나타나는 정식 관계로 나타난다. 예를 들어 기업내부 협력 네트워크, 산업 네트워크, 연구와 개발 네트워크, 시장교역 네트워크, 지역 네트워크, 국가 네트워크와 세계 네트워크 등을 들 수 있으며, 또한 사회 내에서 기업가 개인의 가정 네트워크, 친구 네트워크와 기타 비정식적 잠재 네트워크 관계 등이 존재한다.

Grabher(1993)에 의하면, 이러한 네트워크는 상호학습과 조건창조를 위한 느슨한 연계를 통하여 무수한 정보자원을 접할 수 있는 경로를 부단히 열어주면서, 위계적 조직에 비하여 광범위하면서 객관적인 직접 교류의 기회를 제공한다고 하였다. 또한 권역내 내부적인 경험적 지식을 바탕으로 하여 이러한 경험적 지식은 특정 지역 내에서 점차 코드화된 지식으로 전환시키고, 이러한 내부적 경험성 지식은 지역 밖의 경쟁상대자가 복제하기 어려운 지식으로 구성된다.

또한 이러한 네트워크의 연계범위는 전체 지역으로 발전할 수 있으며, 특히 산업 집적지에서 성장한 기업은 먼저 협력네트워크를 구축함으로서 동태적인 그리고 강력한 상호보완 작용을 구비하게 된다. 네트워크의 구축은 서로의 신뢰에 기초해서 지역기업의 경쟁과정에서 협력을 실현할 뿐만 아니라, 동시에 외래 기업(선진기술, 관리경험)과 연구개발센터의 진입, 그리고 네트워크체계를 통한 파급효과를 도출할 수 있다(盖文启, 2002).

특정 권역내 혁신주체자 간에 기술문화의 공동향유를 통하여 외부시장과 기술의 변화에 공동으로 대응할 수 있느냐는 하는 것과 지역 내에서 기업 간의 네트워크를 구축할 수 있느냐 하는 문제는 지역이 지속적으로 네트워크를 만들어 가고자하는 중요한 의지의 표현인 것이다. 바꾸어 말하면, 지역과 혁신주체자 사이에 기업의 관리구조가 위계적이냐 아니면 네트워크식이냐 하는 문제는 지역내의 기업이 어떠한 경쟁력을 가질 수 있느냐에 대한 결정요인인 것이다.

그런데 권역 내에서의 지역 네트워크의 형성은 기업과 기업간의, 그리고 기업과 구성주체와의 사회적 일체감, 즉 사회문화적 요소와 구성주체자 사이의 긴밀한 관계성을 통해서 발생하기 쉽다. 다시 말하면, 이 긴밀한 관계성은 무엇보다 면대면 관계(face-to-face relationship)을 통해 이루어지며, 이 면대면 관계에서 기초한 네트워크는 정보나 코드화된 지식 즉 '암묵지(tacit knowledge)' 의 교류를 활성화시키게 되는 것이다(Alain Rallet and André Torre, 1990). 그러므로 중요한 점은 네트워크체계를 구축하기 위해 사회문화적 요소, 즉 사회적 일체감을 어떻게 활성화시킬 것인가 하는 문제이다. 이 점은 다시 노스의 '제도이론'에 따라 제도환경의 설정이라는 문제로 환원하여 언급될 수 있다.

North(1993)는 경제조직(이 조직들을 인격화된 개인으로 본다)의 거래구조 선택의 결정인수는 제도라고 지적하면서, 제도적 틀은 선택의 범위와 기회를 제한하며 미시적인 경제활동을 위해서 일종의 인센티브 메카니즘을 제공한다는 것이다. 즉 제도는 인센티브 구조를 제공할 뿐만 아니라, 경제조직이 어떤 경제활동을 할 것인가에 대한 관련 정보를 제공하게 된다는 것이다. 사회학적 관점에서 보면 노스가 지적하고 있는 제도의 형성은 행위규범에 대한 개인 상호간의 공통 인식, 개인과 개인의 상호 신뢰관계에서 맺게 되는 비공식적 관계에서 출발하며, 장기간에 걸친 비공식적 관계는 법률과 체제와 같은 공식 제도로 상승하게 된다.

요컨대, 네트워크의 구축은 사회적 신뢰감과 일체감을 기초로 비공식적 관계에서 출발하여 법률과 제도와 같은 공식적 관계로 설정되는 과정이 필요하다는 것이다. 우리는 전자의 경우를 유인적 제도환경으로, 그리고 후자의 경우를 강제적 제도환경의 설정으로 볼 수 있다. 따라서 권역내 지역혁신주체간의 네트워크 구축은 지역 사회문화적 요인을 기초로 한 전략적 행위의 표현으로 파악할 수 있다.

2. 지역혁신네트워크 플랫폼 구축

지역네트워크의 구축은 일정한 범위 내에 각기 행위주체(기업, 대학, 연구기구, 지방정부 등 조직과 개인) 사이의 상호 역할과 협력과정 중에서 상대적으로 안정된 발전을 촉진시킬 수 있는 정식 혹은 비공식 관계의 총합을 의미한다고 할 수 있다. 네트워크 중의 활동의 발생과 완성은 집단적 활동과 다원화된 정책결정의 한

과정이라 볼 수 있다. 예를 들어 모종의 신개념, 신기술 혹은 새로운 정보가 네트워크의 한 점에서 생산되면, 바로 네트워크의 연결선을 따라 상호순환이 나타난다. 즉 네트워크의 참여자, 특히 기업에 의해 상이한 각도에서 정보와 기술에 대한 분석, 처리, 새로운 정책결정의 과정을 만들어내면, 또한 네트워크를 통해 확산과 파급효과를 가져오게 한다. 이 과정에서 관련 주체는 유사한 정책결정·반응·협력을 만들어 내면서, 이 협력적 관계의 기초 위에 네트워크체계를 만들어내게 된다.

지역경제체계는, 네트워크 관점에서 볼 때, 일정한 지리적 범위 내에 각 주체간의 상호 협력적인 일종의 조직체계로 볼 수 있다. 기업성과의 강화를 위해서 조직적, 지리적 근접성의 중요성을 강조한 Oerlemans와 Meeus(2005)의 연구에서도 지역경제의 혁신적인 결과를 위해서는 지리적 입지뿐만 아니라 역내 공급자와 수요자의 대내, 대외 네트워크 관계는 기업성과에 도움이 된다는 점을 또한 지적하고 있다. 이러한 관계는 비공식적 교류와 빈번한 접촉과정에서 자연적으로 상호 신뢰가 형성되며, 따라서 상대적으로 네트워크가 안정적일 수 있다(Andrew C. Inkpen and Eric W. K. Tsang, 2005: 152-153). 네트관계의 구축은 비록 객관적으로 존재하게 되는 형식에 의존하기도 하지만, 주로 개인과 개인간의 공통의 경력 혹은 사회문화 배경 그리고 상호간 신뢰에 기초하여 형성된다(〈그림 5-1〉 참조).

<그림 5-1> 지역네트워크 구축

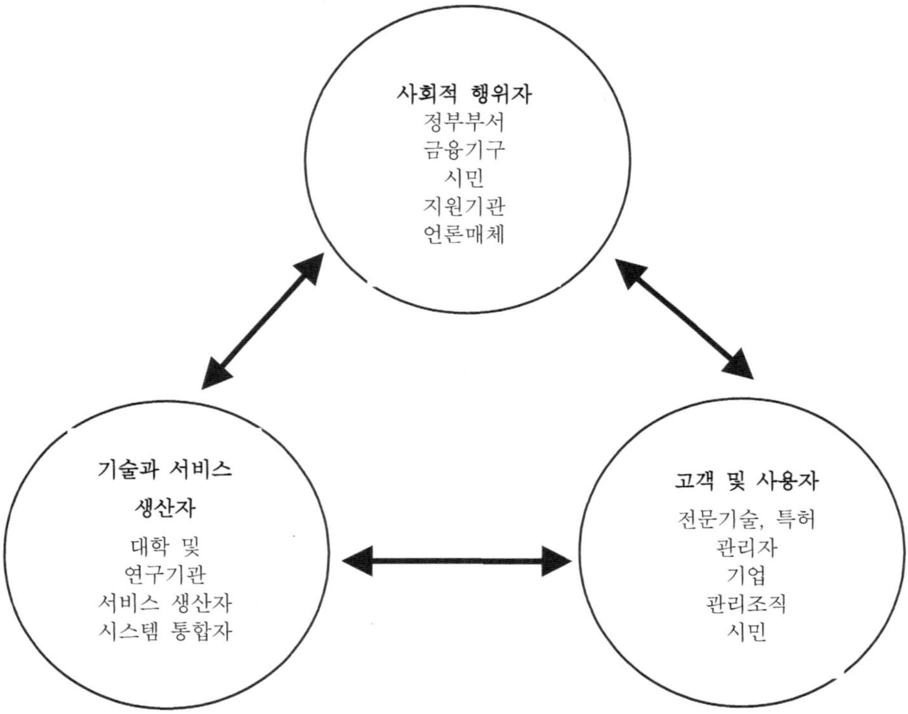

자료: Andrew C. Inkpen and Eric W. K. Tsang, 2005, p.406.

지역 네트워크의 구축의 또 다른 측면은 신뢰적 관계 이외에 지역내 공식적인 협력 네트워크를 구축한다는 점이다. 이는 지역 내의 매 기업이 설계, 기술개발, 생산, 시장판매 등의 가치창출 활동 중에서 선택적으로 기타 기업 혹은 권역내 행위주체와 장기적으로 맺게 되는 네트워크체계를 가리킨다. 예를 들어, 기업과 연구기관 혹은 대학이 공동 참여하는 기술협력, 지식기술 확산 등의 활동과정에서 형성된 연구개발 협력 네트워크 혹은 기술거래 네트워크, 그리고 기업과 공공기관 혹은 지원 서비스 기관에 의해 결성된 교육, 훈련, 공공정책성 지원 등의 서비스 네트워크를 들 수 있다. 이러한 지역 네트워크는 각각의 구성주체를 연결해 주는 지역 네트워크 플랫폼으로 형성된다. 또한 이러한 지역 네트워크는 객관적 존재형식을 빌어 표출되며, 이러한 형식의 네트워크 중에서 이전되고 확산된 지식은 지역 내에서 공유될 수밖에 없는 코드화된 지식(coded knowledge)으로 이루어진다.

해외 혁신형 클러스터의 사례에서 보여 지는 공통된 특징은 지역혁신네트워크체계를 강화하기 위해서 혁신의 촉진자(혹은 조정자)가 존재하고 있다는 것이다. 이 촉진자는 자발적인 민간자체 조직, 정부조직, 준정부 중간조직 등의 통합적이고 체계적인 조직 형태를 가지고 운영되고 있다. 그 역할은 네트워크조직체계를 운영하거나 조정 및 지원기능을 담당하고 있다. 예를 들어, 미국의 실리콘밸리 사례에서도 실리콘밸리제조연합회라는 민간조직이 정부와의 협력관계를 통하여 실리콘밸리에서 주택, 교육, 환경, 운송 등의 문제를 해결하였다. 또한 이탈리아 에밀리아-로마냐 지역에서 경제발전지역위원회라는 정부조직은 비즈니스 서비스센터로서의 네트워크 기능에 초점을 두고 기업서비스 지원기능을 전개하였던 것이다.

<표 5-1> 해외 산업집적지의 조직적 지원체계

국가	미국 「실리콘 밸리」 (Silicon Valley)	이탈리아 「에밀리아-로마냐」 (Emila-Romagna)
조직	실리콘밸리제조연합회 (The Silicon Valley manufacturing Group)	경제발전지역위원회 (ERVERT-Regional Board for Economic Development)
조직성격	민간조직	정부조직
거버넌스	정부와 협력	민간자원 활용
활동예	실리콘밸리 제조연합회는 정부의 간접적 지원 및 협력으로 실리콘 밸리 내에서 운송, 주택, 교육, 환경 등의 문제해결	경제발전위원회는 비즈니스 서비스센터로서의 네트워크 기능에 초점을 두고 기업서비스 기능 전개
시사점	민간조직이면서 정부가 해야 할 일을 수행 → 다차원적 거버넌스 체계	정부조직이면서 민간자원의 활용 전개 → 상호보완적 지원체계

자료: Phillip Cook, 2002, *Knowledge Economics*, (New York: Springer)의 내용에 근거하여 재작성.

특히 〈표 5-1〉의 해외 사례에서 보는 바와 같이, 실리콘 밸리의 '실리콘밸리제조연합회'의 경우는 산업집적지가 성장하는 과정에서 지역혁신네트워크체계의 조직적인 관리의 필요성이 여전히 존재하고 있다. 산업클러스터에서 이러한 중간조직이 자연적으로 발생하여 기능하든지 아니면 정부의 정책적 추진에 의해 관리조직이 그 기능을 감당하던지 간에 네트워크체계의 구축과 그 지속적인 유지를 위해서는 특정 관리조직이 기능하고 있다. 따라서 다음 내용에서는 대덕연구개발특구를 사례로 지역혁신구성주체, 네트워크와 제도적환경과 네트워크체계의 구축에 대하여 살펴보고자 한다. 이를 통해 대덕연구개발특구의 특성과 문제점을 도출하고자 한다.

제3절 지역혁신네트워크체계 사례분석: 대덕연구개발특구

1. 대덕연구개발특구의 제도적 환경

대덕연구개발특구의 공간적 범위는 대전유성구를 중심으로 대덕구 일원으로서 약 2,130만평에 이르고 있다.[51] 이를 구체적으로 살펴보면, 대덕연구단지 840만평(Ⅰ지구), 대덕테크노밸리 129만평(Ⅱ지구), 대전지방 3 · 4산업단지 95만평(Ⅲ지구), 국방과학연구소 일원 150만평(Ⅴ지구), 북부 그린벨트지역 약753만평(Ⅳ지구), 기타지역 163만평(Ⅳ지구)이다(〈표 5-2〉 참조). 대덕연구개발특구의 육성은 그동안 취약했던 연구개발(R&D)기능과 사업·생산기능의 상호 유기적 결합을 강화해 경제발전을 견인할 목적으로 추진된 것이다. 따라서 대전은 대덕연구개발특구를 중심으로 정보통신산업, 바이오산업, 첨단부품 및 소재 산업, 메카트로닉스산업의 개별 산업클러스터 육성을 통해 대전지역의 경제발전을 촉진시키고 있다.

51) 대덕연구개발특구는 기존의 대덕연구단지에 대덕테크노밸리와 대전 3,4산업단지를 모두 포함한 총 2,130만평을 대상지역으로 하고 있다. 국가적 과학연구단지로 조성된 대덕연구단지는 입주 연구기관은 60여개, 근무하고 있는 연구인력은 약 2만명에 달한다. 2001년부터는 대덕연구단지와 인접하여 대덕연구단지의 연구소에서 나오는 연구성과물을 상업화하기 위한 취지로 지방산업단지의 일종으로 대덕테크노밸리를 조성하기 시작했다.

〈표 5-2〉 대덕연구개발특구의 지리적 범위

소재지	지구별	면적
대전광역시 유성구	대덕연구단지(Ⅰ지구)	840만평
	국방과학연구소 일원(Ⅴ지구)	150만평
	대덕테크노밸리(Ⅱ지구)	129만평
	북부 그린벨트 지역(Ⅳ지구)	753만평
	기타(대덕테크노밸리~대덕연구 단지 경계지, 하천)(Ⅳ지구)	163만평
대전광역시 대덕구	대전3,4산업단지(Ⅲ)	95만평
합 계		2,130만평

자료: 대덕연구개발특구지원본부(2006)

대전은 대덕연구개발특구를 통해 개별 특화산업을 묶고 있는 하나의 산업클러스터로서 연구개발기능의 확산과 상업화능력을 활성화면서 지역산업의 발전을 꾀하고 있다. 특히 대덕연구개발특구가 혁신클러스터로서의 발전을 지향하고 있고, 또 기존의 대덕연구단지를 중심으로 한 연구단지 클러스터(technology cluster)라는 특성도 지니고 있다. 하지만 산업클러스터는 이러한 특징뿐만 아니라 궁극적으로 새로운 '생산과정'이라든가 신제품에 대한 마케팅을 성공적으로 수행하기 위한 지식의 발생, 확산, 혹은 지식의 사용을 더욱 중요시 한다는 점이다.[52] 따라서 대덕연구개발특구는 연구개발기능-상업화의 기능 연계를 강화하기 위해 어떻게 기업간

52) 혁신클러스터는 역시 슘페터의 경제발전논리를 지향하고 있는데, 슘페터는 기업가에 의해서 결정적으로 역할하게 되는 '창조적 파괴(creational destruction)' 즉 혁신활동의 중요성을 논제로 삼고 있다.

의, 그리고 구성주체간의 사회적 일체감과 긴밀한 관계성을 형성할 것인지, 또한 지식(tacit knowledge)의 사용과 확산을 어떻게 활성화시킬 것인지에 대한 방안이 중요시 되고 있다.

<그림 5-2> 대덕연구개발특구의 지리적 위치

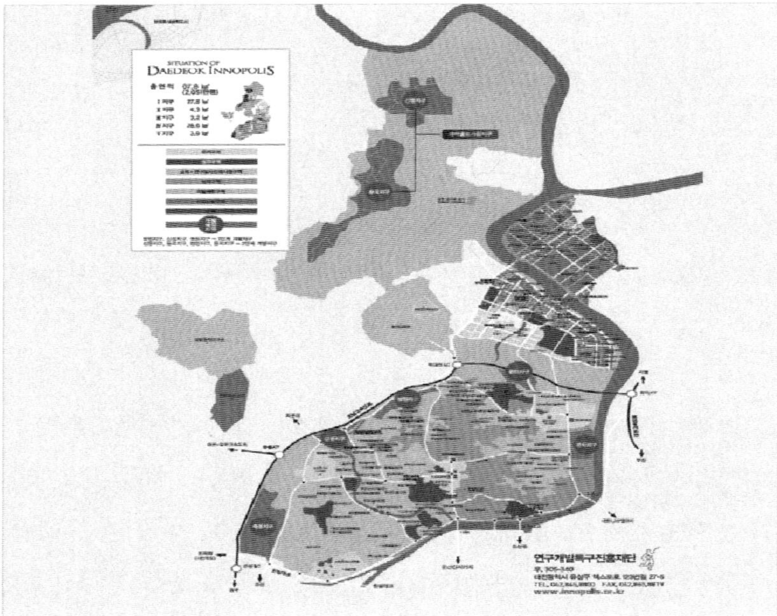

자료: 대덕연구개발특구, http://dd.innopolis.or.kr/sub010201

<표 5-3> 대전 대덕연구개발특구의 구성주체

지역혁신주체		기관명
기업		· 테크노벨리와 4개산업단지 입주기업 898개 (2007.12)
대학		· 카이스트, 충남대학, 한남대학교 등
연구기관		· 국·공립연구소, 정부출연연구소, 기업부설연구소 등 약 60여개
정부 및 공공조직	조세	· 기획재정부 조세지출예산과, 소비세과, 법인세과, 소득세과 등 · 교육과학기술부 과학기술정책과, 관할세무서, 관세청, 한국산업기술진흥협회 기술정책팀, 지식경제부관련부서, 중소기업청 벤처진흥과
	자금지원	· 교육과학기술부 과학기술정책실, 과학기술정책과 · 지식경제부 산업기술개발과, 산업기술정책과 · 한국산업기술평가원 평가기획실, 한국과학기술기획평가원, 한국산업기술진 흥협회, 농림수산식품부 친환경농업과, 농림기술관리센터, 보건복지가족부 보건산업진흥과 등
	구매	· 조달청 구매국, 기획재정부 회계 제도과
	기술정보	· 한국과학기술정보연구원, 한국전자통신연구원, 중소기업기술정보전산망, 중소기업진흥공단, 특허기술사업화알선센터, 지식경제부 산업기술정채관 등
	기술인력	· 한국과학기술원, 한국과학기술연구원, 한국표준과학연구원, 한국과학재단, 한국생명공학연구원 등
	협동연구	· 한국생명공학연구원, 중소기업청 기술개발과 · 교육과학기술부 과학기술정책과, 과학기술전략과, 과학기술문화과, 과학기술정보과
	기술지원	· 한국과학기술원, 한국과학기술연구원, 한국표준과학연구원, 한국기계연구원, 한국원자력연구소, 한국에너지기술연구원, 한국지질자원연구원, 한국전기연구원, 한국화학연구원, 한국생명공학연구원, 한국기초과학지원연구원 · 정보통신부, 중소기업청, 한국생산기술연구원, 산업기술시험원, 한국산업기술평가원, 한국생산기술연구원, 기술표준원, 한국과학기술정보연구원, 한국생산성본부, 중소기업진흥공단 · 대학산업기술지원단, 특허기술정보원, 한국발명진흥회, 산업기술연구조합등
	이외에도 대전지방노동청, 기술개발을 촉진시키기 위한 ISO900 인증기관으로 한국품질재단인증센터 등 31개 기관이 있다	
지방정부 및 공공조직		· 대전시, 대전테크노파크(재), 대덕연구개발특구지원본부, 대전발전연구원 등
지역금융기관		· 한국산업은행, 기업은행, 국민은행, 산은캐피탈, 기술신용보증기금, (주)기보캐피탈, (주)TG벤처 등
기타조직		· 비즈넷21, 대덕넷 등

자료: 과학기술부, 2003, 「기술혁신지원제도」 와 2008년 새정부조직도 근거하여 작성.

그런데 대덕연구개발특구는 다양한 구성주체들이 지리적으로 근접되어 있지만은, 실은 혁신 주체별 기능과 역할은 산재되어 있다(〈표 5-3〉 참조). 이 문제는 우선 구성주체들의 생성배경과 관리부서가 서로 다르다는데 있다. 즉 연구기관은 중앙정부의 과거 부처별 그 뿌리가 다른 정부출연연구소가 있는가 하면 각 개별 사기업에서 세운 민간연구소가 존재하고 대학의 경우에는 교육과학기술부경우에는 통괄하고 있어 구성주체 간의 이질적 측면이 강하다. 또한 특구내 기업들의 업종별 분포가 정보통신분야, 환경기계분야, 화학, 생명의료정밀, 연구개발 서비스 등의 순으로 다양한데, 이러한 현상은 기본적으로 특구가 대덕연구단지라는 특성에서 출발하였기 때문이다. 그리고 대덕연구개발특구의 많은 기업들이 특구내의 주요 연구소인 전자통신연구소와 생명공학연구소 등에 의해 배태되었음을 의미한다.

<그림 5-3> 대덕연구개발특구 입주기업체 현황

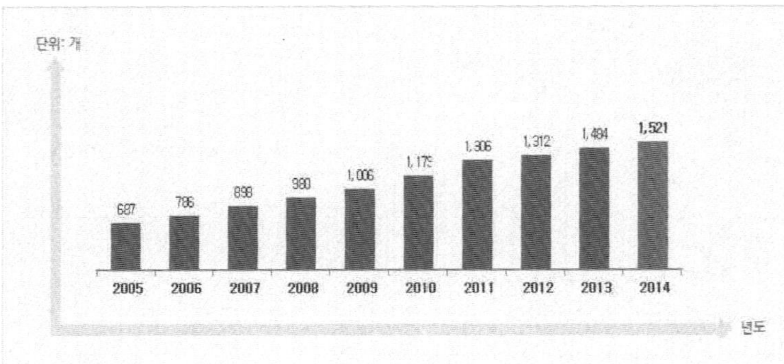

자료: 대덕연구개발특구, http://dd.innopolis.or.kr/sub01020201

대덕연구개발특구에서는 실제로 연구소와 기업간 협력채널은 존재하나 주로 연구소의 문제 해결 중심의 용역 과제이고 대등한 입장의 산학기술 개발은 특구외의 대기업을 제외하고는 거의 없는 형편이다. 또한 상용화 지원 인프라도 미흡하여 산학연간에 형식적 교류와 장벽(연구소간, 연구소와 기업간)의 존재로 기업에 필요한 기술이나 정보교류가 매우 취약한 상황에 있다(이상빈 외, 2008). 벤처기업의 경우 대덕연구개발특구 벤처기업에서 생산해내는 제품들이 주로 중간재 형태이며, 대전지역내의 시장이 한정되어 있어 대덕연구개발특구의 시장 확대가 절실하다.

따라서 대덕연구개발특구가 하나의 지역공동체로서 일체감과 공동체 문화를 통해 지역네트워크 환경 조성이 필요하다. 지역공동체의 중요성은 특구와 대전시와의 정합성을 향상시킬 뿐만 아니라 기업성과 개선 및 혁신적 결과를 가져오기 위한 조건이 된다. 또한 지역네트워크의 구성은 기술 및 서비스 생산자와 고객 및 사용자, 그리고 사회적 행위자 사이의 관계성 속에서 지역산업의 발전을 위해서는 지역혁신체계로서 협력적 게임규칙이 필요하기 때문이다. 협력 규칙의 틀에서 구성주체들의 역할 인식 및 정립, 그 역할기능의 수행, 협력기제(cooperation mechanism)의 활성화가 가능해진다. 그런데 대덕연구개발특구는 협력기제를 만들어내는 구심점이 결여 되어 있다. 특구 내 구심적 기관으로 '대덕역구개발특구지원본부'와 같은 중개조직이 존재하나 역할 및 기능 정립 단계에 머물러 있다. 대덕연구개발특구가 현시점에 필요로 하는 점은 특구지원본부와 같은 중개조직이 다양한 구성주체간의 네트워크 기착지로서 네트워크플랫폼(network platform) 기능을 수행해주는 것이다.

2. 네트워크플랫폼체계의 형성

대덕연구개발특구가 다양한 공식, 비공식네트워크가 존재함에도 불구하고, 네트워크에 대한 인식부족과 함께 연계성의 문제가 노출되고 있고, 또 다양한 혁신주체간의 구성은 체계적이지 못하고 사업의 중복 등으로 비효율적인 면이 반복되고 있다. 특구 관련 지역혁신기관 등 수많은 기관들의 기능이 중복되는 부분을 살펴보면, DB 운영관련 지원기능, 상업화 지원기능, 기업 지원기능(자금, 경영지도, 실무업무 등), 해외기관 유치 관련 지원기능, 해외진출 관련 지원기능, 인력양성 지원기능 등 명목상 구분은 가능하지만, 대부분의 비슷한 업무를 수행하고 있다.[53] 현재 대덕연구개발특구 지원본부는 민간법인 조직으로 활동하나 대덕연구개발특구 내에서 기타 다양한 구성조직체와의 기능과 역할을 조정할 수 있는 분야별 및 이슈별 포럼이나 실질적인 연계육성프로그램을 추진하여야 한다.

대덕연구개발특구지원본부(이하 특구 지원본부)는 특구로 성립 이전 대덕연구단지의 관리본부로서 먼저 설립되었는데, 그 출발은 1994년 설립허가를 받은 비영리법인으로 1999년부터 대덕연구단지의 관리업무를 위탁·수행하여 왔다. 지난 참여정부에서는 대덕연구개발특구를 육성하기 위해 '대덕연구개발특구육성종합계획'을 마련하여 추진하였으며, 구체적인 방안으로 관련법을 제정하

---

53) 예를 들어, 대전지역 혁신기관 '인력 양성/교류 관련 지원기능 수행기관' 을 살펴보면 ㈜비즈넷21, 대덕넷, 대전발전연구원, KOTRA 대전충남무역관, 대전지방노동청, 대전첨단산업진흥재단, 배재대학교 산학협력단, 신용보증기금 충청영업본부, 정보통신연구진흥원 기업지원팀, 중소기업청 벤처진흥과, 충남대학교 산학협력단, 한국기계연구원 성과확산실, 한국생명공학연구원 바이오벤처실, 한국전자통신연구원 기술진흥팀, 한국정보통신대학교 창업보육센터, 한남대학교 산학협력단, 한발대학교 대전충청디자인지원센터, KAIST 신기술창업지원단 등 많은 기관이 있다.

고, 법안에서 '대덕연구개발특구지원본부'를 창설하여 특구를 지원하도록 하였다.

그 설립목적은 특구의 개발과 관련된 사업, 연구개발과 사업화를 촉진시키기 위한 사업, 국내외 투자유치 사업 그리고 수익사업과 기타 위탁업무를 수행하도록 하기 위해서다('대덕연구개발특구등의육성에관한특별법' 제48조(사업) 1항의 사업내용 참조). 그리고 최근에는 국내 정책적 환경 변화로 지식경제부의 사업화기능 강화를 통한 발전전략에 부응하기 위해 기술사업화 센터로서의 기능을 모색하고 있고, 또 특구지원본부는 특구의 역할주체로서의 위상 정립에 대한 필요성이 요구되고 있는 상황이다. 그러나 이러한 다양한 업무와 기능보다도 특구내 특구지원본부가 갖는 그 핵심기능은 Cooke(2002)의 지적과 같이, ① 기업간의 협력의 장려, ② 기술이전의 강화, ③ 정보 및 의사교류체계의 구축, ④ 대학 및 연구기관의 협력의 심화, ⑤ 지역과 지역간의 협력체계의 구축 등으로 정리할 수 있다.

<그림 5-4> 대덕연구개발특구 매출액 현황

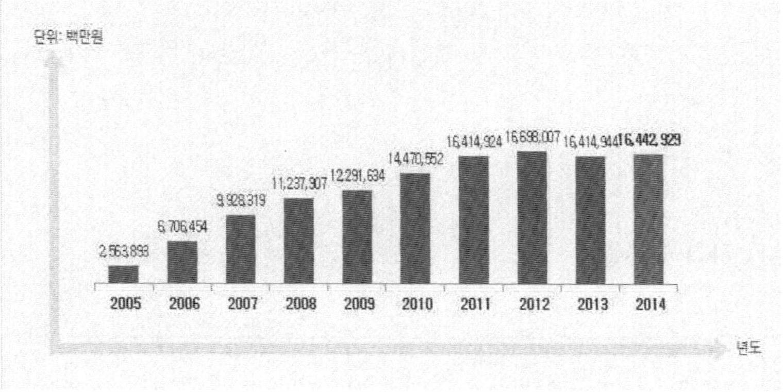

자료: 대덕연구개발특구, http://dd.innopolis.or.kr/sub01020201

이렇게 특구지원본부가 네트워크플랫폼으로서 기능을 핵심으로 축약하는 이유는 지역의 자원을 토대로 시점에 맞는 역할을 설정하기 위함이다. 따라서 특구지원본부의 역할을 핵심기능 중심으로 재정립하는 이유는 첫째, 지역혁신네트워크 구축을 위한 네트워크 플랫폼으로 대학 및 연구기관, 그리고 산업과의 협동연구환경 구축의 필요성에 관한 공동 이해를 증진시킬 수 있기 때문이다. 이 점은 나아가 각 기관에 대한 이해와 지역혁신네트워크 구축 지원에 대한 공감대 형성과 일체감이 조성되는 기초가 된다. 둘째, 특구지원본부의 역할 을 통해 대덕연구개발특구가 지역혁신체계와의 연계성에 대한 강조는 목표의 공유라는 점에서 지역고객, 기업, 학계 및 연구계 등의 역내 혁신주체자 사이에 상호 네트워크조직 구축의 필요성을 느끼는 기회가 될 수 있기 때문이다. 셋째, 궁극적으로는 지역혁신네트워크의 구축으로 대덕연구개발특구 조직의 효율성 평가를 위한 기반으로 활용될 수 있기 때문이다. 넷째, 구심적 역할을 하는 특구지원본부와 같은 조직은 실제 운영과 활용 과정에서 나오는 계획들이 기업들의 활동에 실질적으로 활용되고 도움이 되는지를 조직적인 피드백(Feedback)과정을 통해 산출될 수 있고, 이를 통해 네트워크체계가 안정적으로 유지될 수 있다.

제4절 지역혁신네트워크 정책

1. 지역혁신네트워크 정책

지역혁신네트워크가 조직적으로 너무 밀접한 근접성으로 확대될 때 나타나는 문제점은 권역내 네트워크체계의 개방과 유동성의 결핍문제가 나타날 수 있다. 이는 특구지원본부가 대덕연구개발특구 내의 공식적인 중간조직으로서 그 조직의 운영특성과 기능을 정립할 필요성으로서 지적될 수 있다. 또한 대덕연구개발특구 지역혁신네트워크체계는 광역적 네트워크체계로의 발전을 염두해 두어야 한다. 지역간의 조직적, 광역적 네트워크전략은 연구개발, 생산, 지원기능을 특정 지역별로 단순화한다는 의미보다 전문화된 기능으로 분화된 초지역간 연계를 통해 산업중복투자와 자원낭비의 비효율성을 막을 수 있는 조직적 연계전략이라 할 수 있다. 따라서 현재 대덕연구개발특구가 갖고 있는 연구개발(R&D)기능을 강화하고 산업클러스터로서의 특징 보완되기 위해서는 다음과 같은 지역혁신네트워크 정책이 구상되어야 한다. 그리고 이러한 정책구상은 대전의 자치단체 및 다양한 혁신지원기관과 더불어 새로운 비즈니스 활동을 창출해야 한다는 전제에서 출발한다.

먼저, 특구지원본부의 지역혁신네트워크 구축을 정책 프로그램은 비록 지원본부가 민간법인으로 활동하나, 준(准)정부 또는 유사 정부중개조직기구(quasi-governmental agency)와 같이 권역내에 다양한 구성주체를 지원하는 네트워크조직체계의 확립에 초점이 맞추어져야 한다.

둘째, 특구지원본부는 대덕R&D특구의 세계적인 혁신클러스터 구축을 위한 관리 및 운영 조직으로서 지원본부는 특구를 중심으로 한 관리 및 운영 프로그램을 구축해야 필요가 있다. 현재 특구지원본부가 고려하고 있는 조직 사업 및 경영 프로그램을 대덕R&D특구 사업으로 활성화시키고자 하는 것도 필요하고, 더 나아가 지역네트워크의 안정화를 위한 관리 및 운영 프로그램이 선행되어야 한다.

셋째, 특구지원본부는 국가적, 지역적 차원의 협력적 참여를 지향하는 정책 프로그램이 운영되어야 한다. 특히 지역적 차원에서 시민과 같은 사회적 행위자가 참여할 수 있는 정책 프로그램을 마련함으로서 지역혁신네트워크의 규칙과 가치규범이 지역사회 및 문화와의 사이에 상호 침투되어야 한다.

넷째, 특구지원본부는 공공부문과 사적부문간의 상호 협력적 참여을 유도하고, 관-민의 상호보완적 참여를 지향하는 정책 프로그램을 개발해야 하는 것도 필요하다. 예를 들어 공공 연구기관과 민간 연구기관의 협동연구환경의 구축을 위한 연구자 네트워크 프로그램을 지속적으로 강화할 필요가 있다.

다섯째, 특구지원본부는 대전지역과 대덕연구개발특구의 공간적 통합조정을 위해 벤처생태계 조성을 강화하는 물리적 기반 구축 프로그램을 가질 필요가 있다. 따라서 정책결정과정은 집합적(collective) 정책결정과정체계를 구축해야 한다(〈그림 5-6〉참조).

여섯째, 더 나아가 지역단위를 초월한 광역적 지역혁신네트워크를 활성화하기 위해서 지역내 클러스터 사업뿐만 아니라 타 지역들과 열린 네트워크를 촉진시켜야 한다. 각 지역 클러스터간의 연계를 통한 시너지효과를 위해 클러스터간 정책적 연계 추진 프로그램을 마련하며, 정책협의회를 구성하고, 평가지표적용 등의 실질적인 대응책 마련이 필요하다.

<그림 5-5> 대덕연구개발특구 고용 현황(2005-2014년)

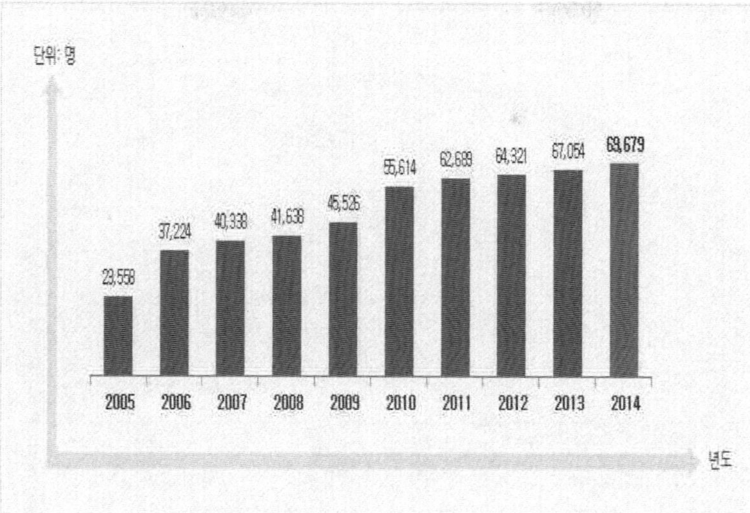

자료: 대덕연구개발특구, http://dd.innopolis.or.kr/sub01020201

위에서 열거한 지역혁신네트워크 정책은 지리적으로 집중되어 있는 구성주체사이의 네트워크의 효율성이라는 차원에서 구성주체자(대학, 연구소, 기업 등)의 지리적 집중 사이의 연계성을 확인하기 위한 노력이 필요하다는 점에서 제시한 것이다. 또한 지역단위를 초월하여 대덕연구개발특구와 충남의 천안-아산의 산업클러스터, 충북 오창-오송 바이오밸리와 같은 개별 산업클러스터를 연결하는 광역적 네트워크조직체계의 형성이 개별 지역혁신네트워크체계의 기능강화 및 파급효과를 높이는 전략적 행위의 하나로 간주될 수 있다.

<그림 5-6> 대덕R&D특구지원본부의 정책 및 통합지원체계 모델 예시

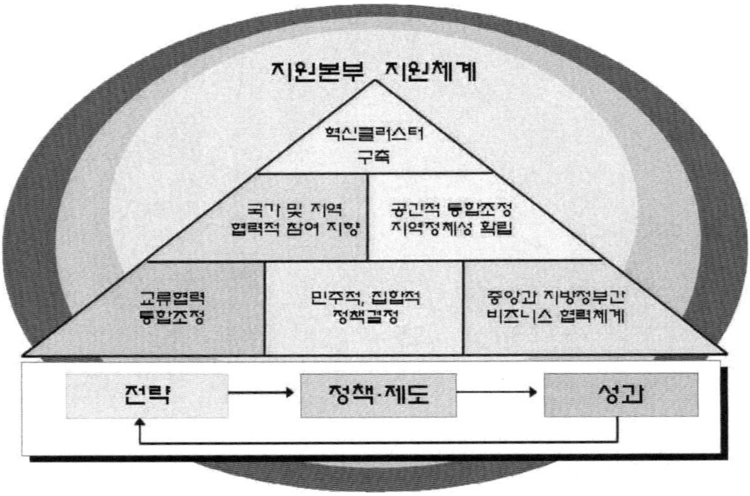

자료: 대덕연구개발특구지원본부, 2007, 「대덕연구개발특구 장기발전(안) 수립을 위한 예비 연구」. 정책과제보고서세미나 내용에 근거하여 작성.

2. 지역혁신네트워크 증진을 위한 핵심과정

앞에서 언급한 바와 같이, 대전지역의 대덕연구개발특구는 다양한 혁신주체가 존재한다. 즉 중앙정부부서와 지자체, 첨단기술기업과 전통산업기업, 대학과 공공 및 민간 연구기관, 창업·경영·금융지원기관 같은 지원서비스기관, 기업단체 및 협회와 전문가 단체 등의 자원을 지니고 있다. 따라서 다양한 구성주체사이의 네트워크를 구축하기 위한 이질성을 해소하기 위해서는 특구지원본부와 같은 중간조직은 지역네트워크 플랫폼으로서 지역혁신네트워크 구축을 위한 핵심과정에 우선적으로 집중해야 한다는 것이다.

따라서 특구 지원본부와 같은 중간조직은 지역혁신네트워크의 증진을 위한 핵심과정이 무엇이어야 하는가를 설정해야 한다. 그런데 Oakerson(2005)에 의하면, 다양한 구성주체가 존재하는 거버넌스 구조에서는 지자체 정부와 같은 조직이 지방 공공재의 서비스 공급자와 생산자를 구분하여 조정역할을 감당하는 것이 효율적이라고 제안하고 있다. 그러므로 Oakerson의 제안에 따라, 특구 지원본부와 같은 중간조직은 지역혁신네트워크를 증진하기 핵심과정으로 다음과 방안을 고려할 필요해 볼 필요가 있다.

첫째, 어떤 서비스(공공재)를 공급할 것인가?

둘째, 어떤 서비스(공공재)를 다른 생산자에게 위탁할 것인가?

셋째, 제공하는 서비스(공공재) 평가 기준은 무엇인가?

넷째, 어떻게 서비스(공공재)를 배분할 것인가?

다섯째, 어떻게 향후 공급과 생산을 연계시킬 것인가?

<그림 5-7> 대덕연구개발특구 기술이전건수(2005-2014년)

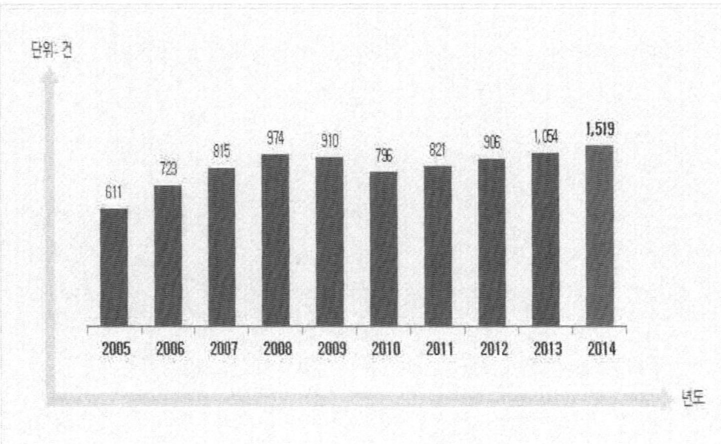

자료: 대덕연구개발특구, http://dd.innopolis.or.kr/sub01020201

여기에서 물론 서비스 혹은 공공재는 권역내 지역혁신네트워크 체계에서 발생하는, 신개념 및 지식, 신기술 및 첨단기술 뿐만 아니라 외부의 선진기술 및 정보, 경험을 의미하며, 이러한 지식의 전도, 반복 순환, 파급을 위해 공공재의 생산, 공급, 배분을 구분하는 것이 중요하다. 이러한 원칙은 네트워크체계에서 공공재의 생산, 공급, 배분의 구분을 통해 생산자와 공급자를 전략적으로 정하고 특구 구성주체에게 필요한 공공재(서비스)를 원활히 공급하기 위한 네트워크 핵심과정이다. 또한 대전시의 기존 산업의 고부가가치화를 촉진시키기 위해서는, 대덕연구개발특구내 벤처기업들의 첨단기술능력과 특구내 정부출연연구소가 적극적으로 참여할 수 있도록 특구지원본부가 주도적으로 지원할 필요성에 따른 구상이라 할 수 있다. 따라서 특구지원본부가 특구에서 수행해야 될 주요 핵심기능을 위탁생산, 위탁공급, 계약 등의 전략적 실행방법을 통하여 담당하고, 특구지원본부는 중간조직으로서 공급기능에 충실하면서 지역네트워크를 증진시키는 방안으로 제시할 수 있다.

<그림 5-8> 대덕연구개발특구 국내외 특허건수(2005-2014년)

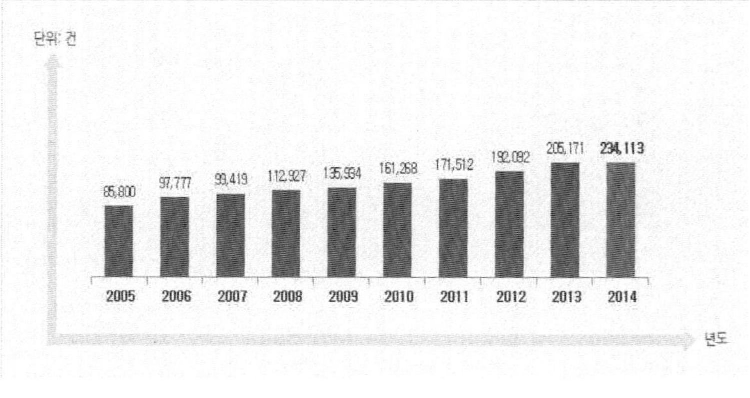

자료: 대덕연구개발특구, http://dd.innopolis.or.kr/sub01020201

제5절 지역네트워크 증진방안

네트워크를 연구한 학자들은 한 지역에서 네트워크체계를 증진시키기 위해서는 대개 네트워크 구성주체자들의 사이의 개인적 관계가 우선 중요시 되고, 그리고 이러한 개인적 관계가 조직적 관계로 상승해야 함을 지적하고 있다. 또한 네트워크의 효과는 개인적 관계와 조직관계에서 나타나게 되는데, 예를 들어 경험적 사례에서 기업간의 관계가 경쟁적인 경우 보다 협력적인 경우에 네트워크를 통한 지식의 전도가 발생한다고 지적하고 있다. 따라서 지역의 사회문화적 가치, 즉 동일한 목표를 공유하고 있고, 또 지역사회의 행위의 구체적인 제도적 규칙으로 설정되었을 때가 네트워크가 증진될 수 있다고 설명하고 있다.

대전시 대덕연구개발특구의 사례에서 볼 때, 대덕연구개발특구는 다양한 구성주체를 통한 네트워크체계의 효과를 증진할 수 있는 다양한 자원을 가지고 있으나, 역시, 다른 측면에서는 구성주체자 사이에 존재하는 이질성이 지역네트워크의 안정성에 영향을 미치고 있다고 지적할 수 있다.

요컨대, 빠른 기술의 변화와 글로벌 경쟁에서 초래된 불확실성의 세계에서는 혁신의 중요성과 네트워크체계를 통한 협력의 이점이 강조되고 있다. 또한 연구와 혁신활동의 발전은 지리적 입지에 근거한 밀접한 관계의 필요성이 요구되며, 그리고 행정구획을 넘어선 초지역적 관계는 지역혁신네트워크 방식으로 발전정책이 장려되어야 한다.

<그림 5-9> 대덕연구개발특구 총연구개발비(2005-2014년)

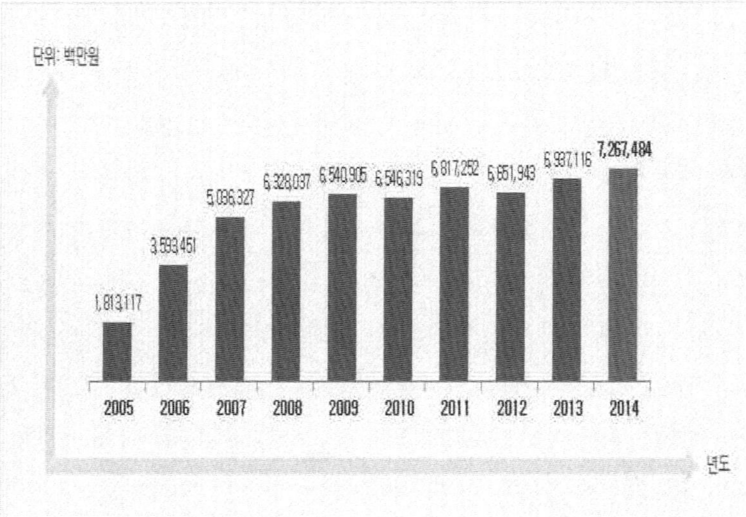

자료: 대덕연구개발특구, http://dd.innopolis.or.kr/sub01020201

결국, 대전연구개발특구의 사례에서 비추어 볼 때, 네트워크 증진 방식으로는 먼저 지역공동체로서 일체감의 조성을 통해 지역네트워크 환경을 활성화해야 한다는 것이다. 이 뿐만 아니라 지리적 입지뿐만 아니라 역내 공급자와 수요자의 대내, 대외 네트워크 관계가 형성되어야 한다는 것이다. 그리고 지역혁신네트워크체계를 활성화를 담당하는 중간조직이 지역네트워크플랫폼으로써 촉진자의 역할을 해야 하는데, 이 중간조직은 역내 혁신기관이 중복되고 그 기능이 중첩되는 문제를 해결하기 위해서 상호 역할을 정립해야 할 뿐만 아니라 업무기능을 서로 구분해야 한다는 것이다. 그러나 특구내 산학연관의 다양한 조직과 기관이 역할별로 연결되지 않을 때, 지역혁신네트워크체계에서 특구지원본부와 같은 중간조직은 권역내 존재하는 다양한 혁신주체자 사이에서 생산자와 공급자를 전략적 구분하고 관계성을 연결하여 네트워크 파급효과를 확산시킬 필요가 있다.

〈참고문헌〉

국가균형발전위원회, 2005, “동북아시대의 한반도 공간구상과 균형발전전략”, http://www.balance.go.kr.

대덕R&D특구지원본부, 2007, 「대덕연구개발특구 장기발전(안) 수립를 위한 예비 연구」. 정책과제보고서.

박종찬, 2005, “충남지역혁신체제 구축과 지역발전", 「열린충남」, 제30호(봄호), pp.6-33.

송두범, 2006, “충청권 행정협력을 통한 공동발전 방안", 「충청권 협력 증진 및 경제통합 모색」, 대전광역시지역혁신협의회, 대전지역혁신협의회-한국지역개발학회 공동혁신심포지엄 발표논문집, pp.

이상빈 외, 2008, “혁신클러스터와 근접성 효과, 지역경제발전: 대덕연구개발특구내 벤처기업의 혁신 네트워크 분석", 「오토피아」, Vol.23(2), pp.217-243.

임성복, 2004, 「대전지역 전략산업 육성방안」, 대전발전연구원.

조택희, 2005, “충청권 초광역 지역혁신체제 구축 방안", 「열린충남」, 제30호(봄호), pp. 34-69.

盖文启, 2002, 《創新罔絡-區域經濟發展新思維》, 北京: 北京大學出版社.

Oakerson, Ronald J., 万鹏飞(译), 2005, 《治理地方公共经济》, 北京: 北京大学出版社.

Borgatti, Stephen P. and Pacey C. Foster. 2003, "The network paradigm in organizational Research: a review and typology", Journal of Management, 29(6), pp.991-1013.

Boschma, Ron A. 2005, "Proximity and innovation: a critical Assessment", Regional Studies, 39(1), pp.61-74.

Bröker, Johannes, Dirk Dohse, Rüdiger Soltwedel(eds.), 2003, Innovation Clusters and Interregional Competition, New York: Springer.

Cook, Phillip, 2002, Knowledge Economies: Cluster, Learning and Cooperative Advantage, New York: Routledge.

Grabher, G., 1993, The Embedded Firms: On the Social-economics of Industrial Networks, London: Routledge.

Granovetter, Mark, 1985, "Economic action and social structure: the problem of embeddedness," American Journal of Sociology Vol. 91, pp.481-510.

Greif, Avner and David D. Latin, 2004, "A theory of endogenous institutional change", Working Paper, Stanford University.

March, James G. and Johan P. Olson, 1996, "Institutional dynamics of International Political Orders", International Organization, 52(4), pp.943-969.

Markusen, A., 1994, "Studying regional by studying firms", Prfessional Geographer, 46, pp.477-490.

McCann, Philip & Stephen Sheperd, 2003, The rise, fall and rise again of industrial location theory," Regional Studies, Vol.37(6&7), pp.649-663.

North, Douglas, 1990, Institution, Institutional Change and Economic Performance, Cambridge: Cambridge University Press.

Oerlemans, Leon A. G. and Marius T. H. Meeus, 2005, "Do organizational and spatial proximity impact on firm performance?", Regional Studies, 39(1), pp.89-104.

Otsuka, Keijiro, 2006, "Cluster-based industrial development: a view from East Asia", The Japanese Economic Review, Vol.57(3), pp.361-376.

Porter, Michael E. 1998, "Clusters and the new economic of competition", Harvard Business Review, .76, pp.77-90.

Porter, Michael E., 1994, "The role of location in competition", Journal of the Economics of Business, 1(1), pp.35-39.

Rallet, Alain and Andrė Torre, 1999, "Is geographical proximity necessary in the innovation networks in the era of global economy?", GeoJounarl, .49, pp.373-380.

Torre, Andrė and Jean-Pierre Gilly, 2000, "On the analytical dimension of proximity dynamics", Regional Studies, Vol.34(2), pp.169-180.

Vandenberg, Paul, 2002, "North's institutionalism and the prospect of combining theoretical approaches," Cambridge Journal of Economics, 26(2), pp.217-235.

공저자 소개

■ 이상빈 leesb95@changwon.ac.kr

중앙대학교 정치외교학과 정치학 석사를 마치고 중국 북경대학교 대학원에서 정치 및 관리학 전공으로 정치학 박사학위를 취득하였다. 현재 창원대학교 신산업융합학과 교수로 재직 중이며 주요 관심분야는 산업경제, R&D, 산업 융합 등이다.

■ 성을현 ehsung@cnu.ac.kr

충남대학교 회계학과를 졸업하였으며, 동대학에서 인사·조직관리 전공으로 경영학 석사와 박사학위를 취득하였다. 현재 충남대학교 경영경제연구소의 전임연구교수로 재직 중이며, 주요 관심 분야는 인사 및 조직관리, 경영전략, 과학기술정책, 기술경영, 지역산업 등이다.

■ 이벽규 bklee@cnu.ac.kr

충남대학교 중어중문학과를 졸업하였으며, 독일 Bochum 대학에서 중국지역학 전공으로 석사와 박사학위를 취득하였다. 현재 충남대학교 전임연구교수로 재직 중이며, 주요 관심 분야는 지역정책, 시스템전환, 거버넌스 등이다.

국제지역 기술혁신능력과 글로벌 생산네트워크

2017년 10월 15일 초판 인쇄
2017년 10월 20일 초판 발행

저자와의 협의하에 인지생략

저 자 이상빈 성을현 이벽규
발행인 추일재
발행처 비즈프레스

서울시 강동구 천호 359-23
E-mail : bizpress@hanmail.net
등록 : 2006년 11월 27일 제324-2006-0044호
전화 : (02) 309 - 5356

정가 18,000원

ISBN : 979-11-86331-29-3